Die alten Hasen

Rentner,
ein Beruf wie jeder andere

Alle Leser
dieses Buches,
auch Sie,
sind frei erfunden.
Jede Ähnlichkeit
mit realen Lesern
wäre reiner Zufall.

DIE ALTEN HASEN

Rentner, ein Beruf wie jeder andere

Eulenspiegels Universalratgeber

*

Herausgegeben von
Ernst Röhl

INHALTSVERZEICHNIS

Zwischentexte: Ernst Röhl

Kämpfer und Sieger

Wie schicksalhaft das Leben doch verfliegt!
Du blickst zurück, die Stimmung leicht gedämpft.
Nicht jeder, der gekämpft hat, hat gesiegt.
Nicht jeder, der gesiegt hat, hat gekämpft ...

ERNST RÖHL

Rentner, ein Beruf wie jeder andere

Es ändert sich im Lauf der Zeit die Schönheit der Persönlichkeit. Wenn eines Tages in der überfüllten Straßenbahn keiner mehr für dich aufsteht, ist alles klar!
Dann biste alt.
Dies aber ist kein Grund zur Beunruhigung.
Du hast doch, Hand aufs Herz, im stillen schon damit gerechnet. Denn du bist ja nicht doof.
Als Verkehrsteilnehmer weißt du seit langem: Das Leben ist eine Einbahnstraße.
Oder zieht es dich etwa zurück in die Pubertät? In der Pubertät ist der Mensch doch viel zu jung und viel zu dumm; er grübelt und grübelt und grübelt, kriegt aber einfach nicht raus, worüber eigentlich.
Erst mit den Jahren reift der Mensch.
Selbstbewußte Frauen wissen genau, daß ein Apfel nichts von seinem Wohlgeschmack einbüßt, wenn ein paar Fältchen die Schale kräuseln. Wer allerdings seine Jugend um jeden Preis zurück gewinnen will, bitte schön, der kriegt seine Chance: Er kann sich als grauer Star der dynamischen Turnschuhgeneration anschließen, das schüttere Haar brünett färben und sich liften lassen und eine Annonce aufgeben mit folgendem Wortlaut:

Tausche eine 60jährige Frau gegen drei 20jährige Girls.

Das Problem hinterher besteht allerdings darin, daß ihn die Damenwelt ganz gewiß nicht für jung hält, sondern bloß für kindisch, Pech für Egon.

Meine neunundneunzigjährige Tochter sagt immer: Daß man so alt ist, wie man ist, liegt einzig und allein an einem weit zurückliegenden Geburtsdatum.

Recht hatse.

Auch das Alter hat seine Freuden, deren größte ist die Rente. Wem die Rente zu klein sein sollte, der kann sie selbst nach Belieben ins Unendliche vergrößern mit dem Vergrößerungsglas.

Freudig gewährt uns die deutsche Regierung dieses Ruhestandsgeld, und zwar mit dem Hinweis: Wir möchten, daß Sie im Ruhestand mehr haben als nur schöne *Erinnerungen.* Gemeint ist damit: Wir möchten, daß Sie im Ruhestand mehr haben als nur *schöne* Erinnerungen.

Die Renten sind sicher, soviel ist bekannt. Nie waren sie so sicher wie heute. Damit sie noch sicherer werden, geht die deutsche Regierung mit unseren Beiträgen an die Börse. Riesters ruhmreiche radikal-repressive Rentenreform ermöglicht uns ohne viel Aufhebens den Wiedereinstieg ins Berufsleben.

Nun heißt es, fleißig die Börsenkurse studieren: Wie stehen die Versicherungsaktien? Wie geht's dem Dax? Was macht der Nemax? Plötzlich und unerwartet üben Millionen Rentner den ehrenwerten Beruf des

Börsenjobbers aus: Väterchen Broker und Mutter Courtage.
Wir sind die Hoffnungsträger, Freunde! Auch ohne die verkiffte Jugend werden wir eine lichte Zukunft aufbauen.
Unsere Erben drücken uns die Daumen:

Toi, toi, toi!

1. KAPITEL

Auch der Herbst hat schöne Tage

Franz Liszt brauchte für Beethovens Hammerklaviersonate noch eine geschlagene Stunde; heute spielen Formel-Eins-Pianisten dieses Stück in knapp vierzig Minuten herunter. Beethovens Eroica, die sich zu Lebzeiten des hörgeschädigten Meisters noch über sechzig Minuten hinzog, drückte Karajan auf 50:10! Wenig später stellte Bernstein mit 49:30 einen Fabelweltrekord auf. Schumischnell vergeht die Zeit! Morgen schon wird das Heute nur noch gestern sein, und plötzlich trifft auch dich, Freund, wie ein Blitz die Erkenntnis:

Das Leben ist viel zu kurz
für ein langes Gesicht!

JOHANNES CONRAD

Es wird Herbst!

Alfred Ströbels Onkel Karl ist 76 und sieht jetzt, sagte er neulich zu Alfred Ströbel, viel weniger ältere Leute als beispielsweise vor 40 Jahren. Er hat sogar manchmal gedacht, sagte er, daß es vor 40 Jahren mehr ältere Leute gegeben hat oder daß sie heute wegen der allgemeinen Behaupterei, daß sie immer mehr würden, vor Ärger immer weniger geworden sind, denn heute, sagte er, sieht er meist nur jüngere Leute, keine älteren. Aber vor einigen Tagen ist er plötzlich dahintergekommen, sagte er, weil ihm zum ersten Mal im Leben eine junge Frau in die Bahn geholfen hatte, daß er vermutlich so wenig ältere Leute sieht, weil er jetzt selber diese älteren Leute ist, zumindest einer von ihnen! »Schöne Scheiße, was?« sagte Onkel Karl zu seinem Neffen Alfred. »Ist das nicht zum Heulen, daß einem gerade jetzt im Herbst bei der ollen Nässe so was untergejubelt wird? Warum bekommt man das nicht im Frühjahr mitgeteilt, Alfred?«

Alfred Ströbel zuckte mürrisch mit den Schultern. Schließlich kam er gerade von der Arbeit! Und das Altwerden verabscheute er ebenso wie Onkel Karl! Als Amerikaner hätte er den lieben Gott deswegen schon auf Schadenersatz verklagt! Da mußte sich Onkel Karl mit seinem Genöle eben auch an den lieben Gott wenden. Oder noch besser an die Amerikaner, vielleicht hatten die schon was in die Wege geleitet! »Ich bin nicht der liebe Gott, Onkel Karl, und auch kein Amerikaner!« sagte er darum zu Onkel Karl, denn wie sollte er jemals im Leben glücklich werden, wenn fortwährend so ein altbackener Satan dazwischenheulte! Außerdem hatte seine Frau vor drei Tagen sämtliche Haus- und Wohnungsschlüssel verloren! War er nicht schon halb in der Hölle, ihr Hunde?

Da sollte Onkel Karl ruhig mal ein wenig die Schnauze halten, der alte Zausel, nicht wahr? Heutzutage war der Herbst nämlich multilateral und mehrteilig wie Mixed Pickles! Nicht wie früher in der DDR, wo es bei ihm im Gemüsekonsum, das saure Angebot betreffend, mal wochenlang nur saure Gurken gegeben hatte, aber keinen Sauerkohl! Bis sogar die linientreuen Kunden sich verschaukelt vorkamen und moralisierende Bemerkungen, wenn auch mit unleserlichen Unterschriften, ins Kundenbuch schrieben. Weil sie auch mal wieder Sauerkohl mit Bratwurst essen wollten, und zwar Sauerkohl aus ihrem Gemüsekonsum in der Senefelder! Und da gab's dann eben eines Tages wieder Sauerkohl! Dafür gab's ab sofort keine sauren Gurken mehr. Das aber war den Leuten auch wieder nicht recht, weshalb der Objektleiter Gramlitzer, der kurz darauf bei der Staatlichen Plankommission anfing, ganz verzweifelt gerufen hat: »Ja, wie soll man's denn nun noch machen?«

Darum sagte Alfred Ströbel dann noch zu Onkel Karl, daß der Herbst heutzutage nicht nur aus sauren DDR-Gurken besteht, sondern auch mal wie ein Frühlingstag sein kann, wo ein alter Knacker nicht gleich aus allen Wolken fallen muß, wenn ihn jemand darauf hinweist, daß er ein alter Knacker ist! Und zu seiner Frau sagte er, als der Abend vorm Fenster bei leichtem, ausgiebigem Regen niederzusinken begann: »Vielleicht lacht morgen schon wieder die Sonne, Hilde!«

Leider geschah es genau an dieser Stelle, daß der Fernsehapparat, ein trotz seines feierlichen Aussehens geselliges Gerät, das Rudolph Mooshammer ähnelte, wenn dieser seinen schwarzsamtenen Bratenrock trug, plötzlich aussah, als wollte er sich hinlegen, und nach verschmorter Verlängerungsschnur roch. Nachdem er dann auch noch einige schlürfende Geräusche von sich gegeben hatte, »schlürf, schlürf!« etwa, wie wenn Spülwasser im Ausguß abläuft, war er »nur noch wie tot«, wie Frau Ströbel geistesgegenwärtig feststellte.

Sie rief auch gleich: »Vielleicht ist im Antennenkabel Nässe hochgestiegen, Alfred?«, aber Ströbel winkte nur ab und sagte etwas aufgedreht, vermutlich infolge eines leichten Schocks: »Da mußt du eben morgen früh sofort den Fernsehmechaniker anrufen, Hilde, ich kann das auf der Arbeit nicht! Bloß gut, daß wir die vielen Werbekarten aus dem Briefkasten aufgehoben haben, jetzt rentiert sich das! Nimmst die Telefonnummer, die am preiswertesten aussieht, und sie möchten schnellstens kommen, der Apparat sei mausetot und du hättest davon schon psychoneurotische Störungen oder so! Es muß sich jedenfalls bedrohlich anhören, damit die Sache schnell über die Bühne geht!«

Hierauf stand Alfred Ströbel seelenruhig auf, versetzte dem Fernsehapparat einen Fausthieb und setzte sich wieder. »Da müssen wir eben heute mal ohne diesen Dreckshaufen auskommen, Hilde, was?« sagte er. »Die Vögel auf dem Felde haben auch kein Fernsehen und gucken doch! Obwohl es eine große, einsame Schweinerei ist, weil ich doch heute ›Matlock‹ sehen wollte, bei Regen sehe ich das zu gern! Man darf's eigentlich wegen Onkel Karl gar nicht sagen, was? Der mit seiner Nässe! Mein Gott, in England regnet's schon seit Wilhelm dem Eroberer, und sie werden trotzdem steinalt! Dort sind die Schlechtwetterperioden so lang, wie es bei uns im 2. Weltkrieg die U-Boot-Fahrten gewesen sind, wo den Männern Vollbärte gewachsen waren, bis sie zurückkamen, vorausgesetzt, sie kamen zurück!«

Verächtlich musterte Alfred Ströbel seinen Fernseher und atmete schwer. »Wie im U-Boot bei Wasserbomben!« dachte Frau Ströbel, weil sie letztens so einen Film gesehen hatten, aber Alfred Ströbel sagte nur ermahnend: »Morgen ist McGyver, Hilde!« Dann versuchte er, sich Situationen vorzustellen, wo er wie McGyver Erfolg hatte. Er kam aber nur darauf, daß er zu dick und zu weinerlich geworden war. Als er das neulich in Hildes Gegenwart äußerte, sagte sie nur: »Iß weniger, dann wirst du dünn und weinerlich!«

Lag das am Kapitalismus, diese Gefühlskälte? Oder war's, weil sie sich die Krampfadern hatte entfernen lassen? Sie war ja schon so verhärtet wie Onkel Karl! Wenn der mal richtig heulen konnte, freute er sich halb kaputt! Warum hatte man nicht so was Zu-

kunftsbejahendes wie Bill Gates in der Familie, nicht immer nur Onkel Karl, den sie auch noch »Haftpulverkarl« nannten!
»Ohne Fernsehen würde ich, glaube ich, verzweifeln!« dachte Alfred Ströbel verzweifelt. Man mußte ja gar nicht gucken. Wenn's nur lief, damit wer im Zimmer war! Ohne Fernseher war ja keiner im Zimmer. Bis auf Hilde vielleicht. Fernsehen war vermutlich noch besser als ein Zierfischaquarium, was? »Oder die Fische müßten sprechen können, dann wäre vielleicht ein Zierfischaquarium besser!« dachte Alfred Ströbel und sagte zu seiner Frau, weil ihm diese Kuriosität ebenfalls gerade einfiel: »In Lieberose an der Oder soll ein Huhn runde Eier legen, Hilde, regelrechte Tischtennisbälle!«
»Aber du spielst doch gar nicht Tischtennis, Alfred« sagte Frau Ströbel und begann zu schniefen. »Schnief, schnief, jetzt schläft sie!« dachte Alfred Ströbel. Sie war ein Mirakel, diese Frau! Sie schlief nicht nur ein, wenn das Fernsehen lief, sie schlief sogar ein, wenn es nicht lief!
Plötzlich war es so still auf Erden, daß Alfred Ströbel die von Opa Ströbel geerbte alte, silberne Taschenuhr in seiner Aktentasche draußen auf der Flurgarderobe ticken und vorm Fenster den Regen singen hörte – er sang, mein Gott! Es war wie bei Hänsel und Gretel, und Onkel Karl sollte sich gefälligst mal Elisabeth II. zum Vorbild nehmen, als die im Juli zur Einweihung der britischen Botschaft in Berlin war und einen Hut dabei trug, der die Form und fast auch die Größe einer fliegenden Untertasse hatte! Das war so ein-

drucksvoll für ihn gewesen wie im Urlaub mit Hilde die Cheops-Pyramide! Und diesmal sogar auf einem Kopf! Onkel Karl war zwar kein Windsor, aber so eine fliegende Untertasse sollte er sich ruhig mal in der Öffentlichkeit auf den Detz setzen! Dann würde er bei eventuellen künftigen Sauwettern, und dauerten die so lange, daß sogar Tante Harriet einen Vollbart bekam, mit etwas mehr Mumm an seine 76 Jahre herangehen, der alte Knochen, was? Alfred Ströbel legte den Kopf auf die Seite, hörte seine Frau schniefen, hörte den Regen regnen und lächelte melancholisch. »Es wird Herbst!« dachte er und merkte, wie er ebenfalls zu schlafen begann.

Opa fällt die Treppe runter.
Die ganze Familie ist zu Tode erschrocken.
Zum Glück ist Opa nichts passiert.
Mühsam rappelt er sich auf
und sagt ungnädig: »Was guckt ihr so blöd?
Stellt euch bloß mal vor, das wäre
einem alten Mann passiert!«

JÜRGEN HART

Die Schönheit des Alters

Alter schützt vor Schönheit nicht! Ja, schauen Sie mich nur genau an! Einundachtzig bin ich! Mein Bart ist lila getönt, und ich trage Latexunterwäsche! Seit ich mich dem Modediktat eines Armani, eines Lagerfeld, eines Mooshammer entzogen habe, kann ich mit Stolz verkünden: Heute bin ich mein eigener Hugo. Und ein grauer Panther kann durchaus einmal als bunter Vogel daherkommen.
Und da stellen sich doch Fernsehrabauken wie diese Thomas und Koglers hin und wollen ihr Programm auf die Bedürfnisse der vierzehn- bis neunundvierzigjährigen zurechtschrumpfen ... Ja, wie viele dieser unsäglichen Talks und Serien müssen wir denn noch über uns ergehen lassen, in denen dilettierende Pubertätsanwärter sich unter Umgehung der deutschen Sprache gegenseitig die Pickel aufdrücken? Nur weil diese Herren die werbetreibende Industrie mit Quoten versorgen müssen! Das ist doch keine Programmgestaltung, das ist Unzucht mit Minderjährigen.
Warum trauen sich denn diese Brüder nicht ran an den reifen, den mündigen, den erwachsenen Bürger? Nun, weil der eben über Lebenserfahrung verfügt.
Der weiß natürlich, daß Scheiße nach Scheiße schmeckt, auch wenn man sie vorher rosa einfärbt! Der junge Mensch jedoch in seiner Unschuld kauft

diesen Dreck und das auch noch mit dem Geld, das er sich vorher bei uns geborgt hat. Denn der reife Mensch besitzt ja nicht nur Lebenserfahrung, er hat auch Erspartes, und zwar in zwei- bis dreistelliger Milliardenhöhe! Alle zusammen! Da wäre für diese Herren was zu holen. Aber das trauen sie sich nicht, diese Strauchdiebe! Ziehen statt dessen Milchreisbubis über den Fernseher.

Irrtum, lieber Thoma,
die Zukunft gehört der Oma!

Und dem Opa natürlich auch. Wo ist denn das Programm für den aufgeweckten Mittsechziger oder den flotten Neunziger?

Schauen wir uns doch mal um in unserer Gesellschaft! Nicht die Jugend marschiert voran, die Großvätergeneration ist im Aufbruch und erobert Bastion um Bastion ...

Der Nachfolger von Kurt Masur ist doch nicht etwa jünger, er ist älter! Unser Bundespräsident ist bereits drei Jahre älter als sein Vorgänger! Und unsere Fußballnationalmannschaft ist zehn Jahre älter als alle anderen Nationalteams der Welt ...

Und da kommt so ein junger Schnösel wie dieser Schröder mit seinen lächerlichen sechsundfünfzig Jahren daher und will uns den Bundeskanzler spielen. Ein Mensch, der noch nicht einmal weiß, was er werden will, wenn er mal groß ist, der heute noch mit ICE und Volkswagen im Sandkasten herumspielt, weil er sich nicht entscheiden kann, ob er dereinst Taxifahrer oder Lokführer werden will!

Und dann will er auch noch so sein wie dieser Toni

Blair mit seinen läppischen neunundvierzig Jahren, der wiederum so sein will wie dieser Bill Clinton, der mit seinen dreiundfünfzig Lenzen noch immer seine Hormone nicht im Griff hatte und damit im Waisenhaus herum kleckerte.
Wir brauchen aber keinen Kanzler, der kleckert, sondern einen, der klotzt. Wo ist sie denn, die tapfere kleine deutsche Frau, die diesem Schröder endlich einmal zeigt, wo bei uns das Cocktailkleid hängt!
Nun gut, da war doch immerhin dieser, wie hieß er gleich, dieser Kohl mit seinen achtundsechzig Jahren. Der verströmte wenigstens schon den Hauch der Vätergeneration! Und wenn er noch einmal zwei, drei Legislaturperioden hinter sich gebracht hätte – er wäre durchaus in der Lage gewesen, den Posten, den er bisher nur körperlich ausfüllte, auch geistig auszufüllen!

Dem Alter freie Bahn! Das Alter schreitet unaufhaltsam voran. Die UNO hatte nicht umsonst das Jahr 1999 zum Jahr des alten Menschen ernannt.
Die Lebenserwartung der Deutschen hat sich in den letzten zwanzig Jahren um sechs Jahre erhöht! Mitbürger, die vor zwanzig Jahren achtzig geworden wären, können heute sechsundachtzig werden, und in den sechs Jahren, die sie dabei mehr zur Verfügung haben, werden sie schon wieder zwei Jahre älter. Der Schritt zur Unsterblichkeit ist kleiner geworden.
Freilich, Falten, Risse, Sprünge und Runzeln breiten sich überall flächendeckend aus, aber die barmherzige Natur hat uns dafür natürlich auch mit nachlassender Sehkraft begabt: Wir sehen das alles ja nicht mehr.
Und noch andere gesundheitliche Vorteile gibt es: Die Inkubationszeit für Rinderwahnsinn beträgt in der Regel acht bis zehn Jahre. Was also könnte einen Vierundachtzigjährigen davon abhalten, sich täglich ein Kilo Rinderhirn reinzuziehen? Ein Genuß ohne Reue, den sich ein Vierunddreißigjähriger nicht mehr leisten kann, wenn er zweiundvierzig werden will. Und wenn einer ein Leben lang nicht geraucht hat, mit neunzig könnte er voll einsteigen! Er wird die Folgen nicht mehr spüren müssen!
Und selbst wenn wir dereinst im Krankenhaus oder im Pflegeheim ans Siechbett gefesselt sind – bei uns wird man diese lebenspendenden Apparaturen nicht vorzeitig abstellen! Denn unsere Organe sind glücklicherweise nicht mehr für eine Transplantation geeignet.

Drei Theologen können sich nicht darüber einigen,
wann das Leben beginnt.
»Das Leben beginnt mit der Zeugung«,
sagt der katholische Pfarrer.
»Das Leben beginnt im dritten Monat«,
sagt der evangelische Pastor.
»Das Leben«, spricht der Rabbi, »beginnt,
wenn die Kinder aus dem Haus sind.«

»So richtig überzeugt mich deine Liebe
nicht mehr.«

LISA HOFFMANN

Demographie jetzt!

In Staaten wie etwa Somalia gibt es das Problem der Überalterung nicht. Im Gegenteil, die somalische Gesellschaft wird immer jünger! Im Zeitraum von 1950 bis 1998 sank die durchschnittliche Lebenserwartung eines Somaliers von 42 auf 34 Jahre. Hält dieser Trend an, wird sie nach Berechnungen des Statistischen Bundesamtes im Jahre 2040 nur noch 24 Jahre betragen.

In Deutschland allerdings zeichnet sich ein gegenläufiger Trend ab. Die Deutschen werden immer älter! Die volkswirtschaftlichen Folgen waren 1889, als die Rentenversicherung eingeführt wurde, noch nicht abzusehen. Während die durchschnittliche Lebenserwartung damals bei 45 Jahren lag, stieg sie bis 1998 auf 75 Jahre an. 1950 kamen auf 16 Rentner 100 Personen im erwerbsfähigen Alter. 1990 betrug dieses Verhältnis bereits 24:100. Im Jahre 2040 werden auf 100 Erwerbsfähige 56 Rentner kommen, im Jahre 2080 sogar 134.

Erschreckend, gewiß. Wie können wir damit umgehen? Ist Alter überhaupt noch länger finanzierbar? Da die Rentenbeiträge 20 Prozent nicht übersteigen sollen, müssen vor allem die Rentner selbst stärker in die Pflicht genommen werden. Es wäre nicht zuviel verlangt, wenn sie sich entsprechend der demographischen Entwicklung ein wenig einschränkten und ihr Verbraucherverhalten dem Nützlichkeitsprinzip unterordneten.

Ein paar Beispiele:

Im Jahre 1998 aß ein durchschnittlicher Rentner wöchentlich 2 Stück Torte im Wert von jeweils 2,10 DM. 15 Millionen Rentner aßen folglich 1,56 Milliarden Stück Torte im Gesamtwert von 3,276 Milliarden DM. Legt man einen Rauminhalt von 300 Kubikzentimeter pro Tortenstück zugrunde, so könnte man aus

der 1998 von Rentnern verzehrten Tortenmasse 2,03 Gebäude vom Rauminhalt des Kölner Doms errichten.

Hier sollten die Rentner kurz innehalten und sich fragen, ob so kostspielige und kurzlebige Bauvorhaben wirklich notwendig sind. Auf pompöse Sakralbauten aus Tortenmasse kann der deutsche Staat gut und

gern verzichten, auf einen Autotunnel unter der Spree jedoch nicht.

Der Fall »4711«:

Ein Rentner verschenkt im Durchschnitt zu jedem Weihnachtsfest zwei 0,05-Liter-Flaschen »4711« im Wert von 6,99 DM. Das macht für den Zeitraum von 1950 bis 2040 2,7 Milliarden Fläschchen Kölnisch Wasser mit einem Fassungsvermögen von insgesamt 135 Millionen Litern. Genug »4711«, um damit den Wannsee zu füllen. Das allerdings würde zu einer ökologischen Katastrophe ungeahnten Ausmaßes führen, von der nicht nur der Bezirk Zehlendorf, sondern die gesamt Region betroffen wäre. Dieses wahnwitzige Vorhaben müssen wir unbedingt verhindern! Immerhin könnte man von den 18,873 Milliarden DM, die ein See voll »4711« kosten würde, 10 Jahre lang Ost- und Westdeutschland 1,4 mal pro Monat vereinigen.

Ein drittes Beispiel:

Im Durchschnitt kauft jeder Rentner 0,12 Wellensittiche pro Jahr. 1998 kauften die deutschen Rentner 1,56 Millionen Wellensittiche pro Jahr. Im Jahre 2040 wer-

den es 2,4 Millionen sein. Würde man alle 2,4 Millionen Wellensittiche aneinander legen, erhielte man die Strecke Berlin – München. Bei einem Stückpreis von nur 30 DM pro Wellensittich würde dieses unsinnige Projekt 72 Millionen DM verschlingen! Das müssen Sie sich mal vorstellen! 72 Millionen DM, nur damit die Rentner aus obskuren Gründen ihre Wellensittiche aneinander legen können!

Anhand dieser Beispiele dürfte bewiesen sein, daß die Überalterung der deutschen Gesellschaft eine Verschwendung wertvoller Ressourcen nach sich zieht. Dem könnte natürlich schon ein Einfrieren der Rentenbeiträge bei 20 Prozent entgegenwirken.

Aber ist das genug?

Durchaus nicht

Ein Rentner hat nämlich im Durchschnitt 20 000 DM auf dem Sparbuch. Das ergibt bei einer Rentnerzahl von 15 Millionen die gigantische Summe von 300 Milliarden DM!

Überließen alle Rentner ihre Sparbücher der Bundesregierung, könnten wir von ihrem Geld 2343,75 Eurofighter- für 128 Millionen DM bauen und auf diese Weise 234375 Arbeitsplätze schaffen. Bei einem Durchschnittsbruttolohn von 102700 DM pro Jahr und Rentenbeiträgen von 20 Prozent flössen durch diese Maßnahme pro Jahr rund 4,814 Millionen DM in die Rentenkasse. Langfristig gesehen, könnte der Bau von 2343,75 Eurofightern die durchschnittliche Lebenserwartung wieder auf 45 Jahre senken, was eine weitergehende Rentendiskussion ohnehin erübrigen würde.

Vermutlich fällt es Ihnen schwer, der Versuchung zu widerstehen, alle Angaben noch einmal genauestens nachzuprüfen. Aber! Wollen Sie das wirklich? Sie benötigten im Durchschnitt 23,4 Stunden. Diese Zeit könnten Sie ebensogut dazu nutzen, den Wannsee 1,2mal mit Kölnisch Wasser zu füllen. Sie können aber auch irgendwas Sinnvolles machen, das bleibt ganz Ihnen überlassen.

Das ergraute Liebespaar sitzt Hand
in Hand auf der Couch.
»Ich finde«, sagt sie, »wir sollten heiraten ...«
»Das finde ich auch«, sagt er, »bloß,
wer wird uns denn jetzt noch nehmen?«

UWE STEIMLE

Die Butterfahrt

Frau Bähnert sitzt im Tanzsaal eines Gasthofes an einer der vier langen Kaffeetafeln inmitten von Senioren. Sie trägt frisch gedrehte Kaltwellöckchen, ihre beste Dederonbluse und das dunkle Kostüm, das sie sich einst zur Feier des Tages schneidern ließ, an dem ihr Gatte Herbert den »Aktivisten« bekam.
Ein Dynamiker im rostseidenen C&A-Anzug tänzelt mit dem Mikrofon durch die Reihen. »Einen schönen, guten Tag, meine sehr verehrten Damen und Herren, ich darf sie heute und hier herzlich begrüßen. Mein Name ist Ralf Reibach, ich bin achtundzwanzig Jahre

jung, meine Maße sind ... Haha, Scherz muß sein! Der Rest geht Sie nichts an. Eingeladen hat Sie hier und heute in diesen lauschig-idyllischen Gasthof, mitten im Spreewald, unsere Firma Lebusan. Was können Sie heute von uns erwarten? Im Anschluß an meine Veranstaltung ein reichhaltiges, schmackhaftes Mittagessen, es gibt ein schönes deutsches Schweineschnitzel, wirklich super, lecker, irgendwie Wahnsinn,

und natürlich die begehrten Werbegeschenke. Für die Damen ein Küchenkarussell, für den Herrn einen Gartenzwerg.
Sehen Sie, meine Damen und Herren, wir von Lebusan haben Sie eingeladen, nicht nur, um mit Ihnen zu reden, nein, wir wollen auch mit Ihnen sprechen. Ja, ins Gespräch kommen! Wir suchen den Dialog. Sprechen wir einmal zuallererst über die Gesundheit. Aufgrund der zunehmenden Industrialisierung auf unserer Erde hat das Magnetfeld in den letzten fünfzig Jahren um die Hälfte abgenommen. Und zwar genau um dreißig Prozent! Die Folgen sind doch hinlänglich bekannt. Elektrosmog und natürlich der allseits gefürchtete Elektrostress! Und genau dieser Elektrostress ist für die Volkskrankheit Nummer eins verantwortlich, ja, ich meine das Rheuma! Fazit: Aufgrund des fehlenden Magnetfeldes zittert der alte Mensch heute nicht mehr erst mit achtzig, sondern schon mit sechzig. Wie ich hier vorn sehe, sogar noch früher!
Ja, wie sieht es denn aus in den Seniorenheimen? Ich bin dort gewesen. Ein Krüppel, zwei Krüppel, Rollstuhl, Feierabend. Ich weiß, das klingt grausam, ist aber so. Denn es kommt vom Rheuma. Jetzt frag ich Sie, meine Damen und Herren, wer von Ihnen hat denn schon mal Rückenschmerzen gehabt?«
Frau Bähnert räuspert sich und ruft: »Ich … aaahhh!«
Der junge Seidenmann legt ihr die Hand auf die Schulter. »Sehen Sie, wieder ein Fall mehr. Was unternimmt der einzelne gegen das Rheuma?
Nichts. Manch einer geht zum Arzt und läßt sich Tabletten verschreiben. Aber! Tabletten sind – *Chemie!*

Und wir, meine Damen und Herren, sind – *Natur!* Also wieder ein Konflikt, und dieser Konflikt, meine Damen und Herren, ist unlösbar! Denn Rheuma ist unheilbar. Und diejenigen, die schon Bekanntschaft geschlossen haben mit dieser Krankheit, wissen, wovon ich spreche. Jetzt frage ich Sie, wer von Ihnen nimmt denn Tabletten, meine Damen und Herren? Ich meine, gegen das Rheuma. Sie? Und hat es Ihnen geholfen? Sehen Sie, geht doch gar nicht. Denn Rheuma heißt – Gift! Es kommt aus dem Griechischen und heißt Rheuma.

Nun will ich hier nicht den Teufel an die Wand malen, das steht mir nicht zu, meine Damen und Herren. Denn man kann das Rheuma aufhalten, ja, eindämmen. Aber nicht so, daß Sie zum Arzt rennen und die Kassen belästigen. Nein, für unsere Gesundheit müssen wir Deutschen auch mal selber etwas tun. Die Kassen haben von uns die Nase voll. Deshalb, meine Damen und Herren, investieren Sie in eine solche

Therapie! Diese Therapie der Firma Lebusan hat vielen Menschen nicht nur das Leben gerettet, sondern es überhaupt erst mal lebenswert gemacht. Und um Ihnen heute zu helfen, bin ich hier. Und das, meine Damen und Herren, meine ich ganz, ganz ehrlich. Sehen Sie, ich persönlich habe nichts davon, ich bin leider gesund. Ich habe nämlich eine solche Therapie. Aber eine Omi, die habe ich nicht. Und soll ich Ihnen sagen, warum? Meine Omi ist nämlich gestorben. Und nun raten Sie mal, woran?
Genau!
An Rheuma!
Und seit dem Tod meiner Omi verkaufe ich Decken. Denn ich hab mir gesagt, Junge, hab ich mir gesagt, Ralf, jetzt mußt du was tun. Verkaufe du Decken für unsere alten Menschen gegen das Rheuma. Aber eben nicht irgend welche Decken, sondern Decken von Lebusan. Denn Lebusan hat sich eins ganz deutlich auf die Decke geschrieben: Lieber gesund leben als krank sterben! Und darüber wollen wir heute sprechen. Jetzt frag ich mal hier: Besitzt schon jemand eine solche Therapie?«
Frau Bähnert meldet sich.
Der Rostrote wendet sich ihr zu. »Und können Sie uns dazu etwas sagen?«
Frau Bähnert nimmt ihm das Mikrofon aus der Hand und schmettert in den Saal: »Also, ehrlich, wenn mir das schon früher gekannt hätten, hätten wir uns ni so rumquälen müssen die letzten vierzig Jahre.«
»Würden Sie diese Decke heute zurückgeben wollen?«
»Niemals!«

»Ich danke Ihnen! – Sehen Sie, meine Damen und Herren, das ist Mund-zu-Mund-Werbung. Die ehrlichste Werbung, die es gibt. Unsere Therapie, meine Damen und Herren, ist deshalb so Spitze, weil sie das fehlende Magnetfeld unserer Erde ersetzt. Und zwar durch diese fünf Magnetstreifen. Die nehmen Ihnen die Schmerzen und schenken Ihnen den Schlaf. Unsere Lebusan-Therapie besteht zu hundert Prozent aus Lebusanwolle und eben nicht aus Lama. Sie ist pflegeleicht, mit Inlett. Der Unterboden verstärkt mit feinstem Damast. Man will es doch auch noch mal schön haben auf seine alten Tage. – Zur Reinigung? Nun – sollte nachts doch mal ein Mißgeschick passieren, kein Problem, wie gesagt, die Therapie besteht aus hundert Prozent Baumschurwolle und ist somit waschbar bis 97 Grad, und das ist doch ein echter Fortschritt, eine Lebenshilfe, made bei Lebusan.«
Der Rostseidene klettert auf die kleine Bühne, auf der gewöhnlich das Trio »Die vier Spreewaldbuben« zum Tanz spielt.
»Meine Damen und Herren, kaufen können Sie diese Decke heute und hier leider nicht. Und wissen Sie, warum? Weil wir in Dresden ein Fachgeschäft eröffnen. Ab 1. 12.! Ja, wir schaffen Arbeitsplätze. Diese Decke kostet dann im Fachgeschäft 1298 Mark, Qualität hat ihren Preis!
(Der Saal tobt.)
Sie sollten mal Ihre Gesichter sehen von hier oben, alles Verkehrsunfälle. Aber was ist Ihnen Ihre Gesundheit wert? – Alles! Gesundheit ist nämlich mit nichts zu bezahlen. Und wenn das Kind erst einmal in den

Brunnen gefallen ist, dann braucht man es auch nicht mehr mit der Badewanne auszukippen, wenn Sie nicht verstehen, was ich meine, es stirbt nämlich. Nun gibt es ja auch immer wieder Unbelehrbare, die

meinen, wozu brauche ich eine Decke. Gestern war ein alter Opi hier oben, und der sagte: Du, Ralf, wozu brauch ich noch eine Decke? – Wissen Sie, was ich gesagt hab? Du, Opi, hab ich gesagt, nebenan ist ein Zimmer. Da steht 'ne Kiste, die ist zwei mal ein Meter, da kannste dich reinlegen.
Ich weiß, das klingt hart, aber ein solcher Mensch hat sich ja aufgegeben. Der braucht sich dann auch nicht mehr zu kämmen und zu waschen, der ist nämlich tot. Und dann war einer hier, der sagte: Du, Ralf – Ich heiße Ralf! – du, Ralf, red nicht soviel, gib mir zwei Decken, meine Frau soll es auch schön haben. Da hab ich gesagt, no, hab ich gesagt, no! Erst ab 1. 12.! Denn sonst hätte ich ja keine, die ich Ihnen zeigen kann.
Und dann meldete sich eine alte Omi, und die sagte: Ich habe nicht 1298 Mark. Aber ich habe Schmerzen. Ich kann nicht warten bis zum 1. Dezember, dann kann es nämlich schon zu spät sein. Und da habe ich gespürt: Diese alte Dame, die hatte mich verstanden. Und die hat auch eine Decke bekommen. Aber nicht für 1298 Mark, nicht für 1100 Mark, nicht für tausend

Mark, sondern für sage und schreibe 890 Mark! – Wer kein Geld hat, kann die Decke auch mitnehmen und mir das dann in Raten bezahlen.«
Frau Bähnerts Tischnachbarin sagt: »Schade – in Rathen! Ich wohne in Wehlen.«
Der oben auf der Bühne unterbricht seinen Redefluß nicht. »Natürlich müssen wir Zinsen nehmen, aber nur ein Prozent. Das ist so gut wie gar nichts. Wir müssen Zinsen nehmen, sonst kriegen wir Ärger mit der Bank. Aber das kennen Sie ja. Eine Lebusan-Therapie auf Raten ist keine Schande! Eine Schande ist es, hier mitzufahren, Geschenke abzufassen, zu wissen, man kann etwas für die eigene Gesundheit tun, und keine Therapie mitzunehmen! Das ist die Schande! Aber spätestens dann, wenn diese Menschen sich vor Schmerzen krümmen und auf allen Vieren krauchen, spätestens dann werden Sie mich anbetteln um eine Therapie. Wir tun alles für unsere Kunden; denn in unserem Hause gilt noch das Sprichwort: Bei uns ist der König Kunde! Und wer jetzt kauft, der bekommt noch etwas dazu, nämlich ein Dankeschön. Hier ist die Duo-Vario. Duo – zwei, aus eins mach zwei, Rückenstütze, auch bestens geeignet für offene Beine. Duo-Vario! Reißverschluß, Wollsiegel und eine schriftliche Garantie. Und wer das alles nicht will, der bekommt von uns für nur 280 Mark einen Kuschelmantel. Und die Buttermuschel. Jawohl, zum Kuschelmantel die Buttermuschel.
Letzte Woche war ein Mann bei mir, der kaufte zwei Decken. Und der hatte mich erst recht verstanden. Nicht nur Gutes für sich, sondern auch für seine Frau.

Und wer's jetzt noch nicht begriffen hat, dem ist nicht zu helfen. Wer eine solche Decke mit Dankeschön möchte, der kommt jetzt nach vorn, und zwar kommen alle.
Und wenn ich sage alle, dann meine ich auch: – alle! Sie sind doch nicht fußkrank. Wer nicht kommt, verzichtet freiwillig auf sein Werbegeschenk. Kommen Sie, nur anfassen. Danke. Alle nach vorn kommen, alle anfassen! Aufstehn, aufstehn! Und wer keine Therapie bezahlen kann, mit dem werden wir uns ganz schnell über eine kleine Organspende einig!«

Fritz hat immer gesund gelebt; nun triumphiert er über seinen Altersgenossen: »Ich rauch nicht, Otto, ich trinke keinen Alkohol, ich halte streng Diät, mein Lieber, Weiber laß ich gar nicht erst in meine Nähe, und darum kann ich morgen bei bester Gesundheit meinen achtzigsten Geburtstag feiern!« Otto, ratlos: »Schön für dich, Fritz, aber sag mir bloß mal, wie?«

RENATE HOLLAND-MORITZ

Der Ausflug der alten Damen

Frieda und Otti bestiegen die »Heinrich Mann«. Daß sie Frieda und Otti hießen, wußte jeder Ausflügler auf dem Oberdeck nach zwei Minuten. Wegen eines offenbar altersbedingten Ohrenleidens sprachen Frieda und Otti laut und artikuliert.

»Sitzte jut, Frieda? Is dir ooch nich kalt? Wenn dir kalt is, mach dir warme Jedanken. Oder mach den Radio an.«

»Lord Knut is jut, wa, Otti? Evagrüns. Nach so wat haben wir noch vor zehn Jahre im ›Blumenjarten‹ jeschunkelt.«

»Schunkel nich, Frieda, sonst kippt der Kahn. Haste Hunger oder Durscht? Die Möwen wern Hunger haben. Für Durscht sollnse im Müggelsee tauchen. Oder ist det noch die Spree? Jib doch mal die Tüten, Frieda. Du hast doch die Tüten, wa?«

»Mann, Otti, du wirst alt, det muß schon Artilleriesklerose sein! Ick hab den janzen Morjen die Brotkirsten jeschnitten, und du hast die Tüten injestochen. In den jelben Beutel. Zusammen mit die Brause und den Uffmacher. Kiek nach, und du wirst sehen, du bist doof. Jetzt fahrn wa in Klein-Venedig 'rin, laß die Tüten zu, Otti. Hier is zu eng, hier klemmen sich ja die Möwen wat ein.«

»Wie du redest, Frieda, det is schon extraordinär! Also hier läßt sich's leben. Kiek mal, da drüben den weißen Böngalo, der jehört bestimmt een Scheffarzt oder een Handwerker. So wat könnte uns schmecken, wa, Frieda? Nimm doch mal det Kind weg, det stört mir die Aussicht. Jeh weg, Bengel, haste keene Mama? Denn jeh bei die!«

»Denkste, der jeht? Jetzt sind det schon drei Jören. Ick weeß nich, wo am Sonntach die ville Kinder herkommen.«

»Et is wejen die zue Kinderjärten, Frieda. Aber det nu alle Jören aus Grünau mit unsern Dampfer fahrn müssen – nee, Frieda, da hätten wa lieber sollten uffen Balkong bleiben. Und ein Krach macht det Volk!«

»Dreh den Radio lauter, Otti! Schön: Wenn der weiße Flieda wieda blüht... Kiek ma, die jelben Rosen neben die Holliewutschaukel, direkt üdüllisch! So, jetzt stechen wir im Müggelsee, jetzt mach aber die Tüten uff!«

»Nimm den Kopp weg, Kleener, denn fliejen dir ooch keene Brotkrümeln int Jesichte. Setz dir man lieberst neben deine Mama und eß 'ne Stulle. Jetzt kriejen die Möwen ihr Mittach. Schmeiß höher, Frieda, sonst reißen mir die Biester noch mein Hut ab!«

»Nu seh dir det an, Otti, det sind ja schon mindestens tausend Stück! Mensch, müssen die vahungert sein. Die schnappen sich det Brot im Fluge, wie die Artisten. Wat? Wat is los? Nu machenset halblang, junger Mann, bei Ihnen ze Hause jibt's für Möwen ooch noch keen Wasserklosett! Haste det mitjekricht, Otti? Der recht sich uff, weil ihm son kleener Vogel uff sein hellet Schackett jekackt hat. Solla doch keen Ausfluch bei Mutta Natur machen, wenna keene Tiere liebt!«

»Aber die zweete Tüte dürf ick schmeißen, Frieda. Hau ruck, ihr Piepmätze, und laßt et euch jut schmecken! Der mit den Schackett war 'n Sachse, wa? Die müssen doch immer unliebsam uffallen. Ick weeß nich, uff son Kahn passen doch nu mindestens über dreihundert Leute, und wen hörste? Die Sachsen! Paß doch auf, Bengel! Würste man nich mit deine Dreckstiebeln an Tante ihrn Rock kommen!«
»Eltern jibt et, die kümmern sich überhaupt nich um ihre Jören. Lassense einfach frei rumloofen. Wenn die son Ober mang die Beene kommen – Ober! Hallo, Ober! Otti, willsten Bier oder lieba Kaffe? Wat heißt hier Bockwurscht? Ick denke, du hast Stullen einjepackt? Wieso icke? Also jut, zwei Bockwurscht, zwei Bier, nee, Otti, nach Bier machste immer so schnelle kruke, also ein Bier, ein Kaffe. Wieso Kaffe später? Schöne Jastronomie!«
»Reg dir ab, Frieda, der Mann hat ooch nur zwee Hände. Sagense mal, Herr Ober, hat die Bockwurscht Pelle oder isse nackicht? Ick frage nur wejen mein Darm. Wejen die Fistel. Hab ick dir schon jesacht, Frieda, det der Doktor jesacht hat, et müßte nu doch 'ne Fistel sein? Also, ick nur mit ohne Pelle.«
»Mensch, Otti, die Pelle machste ab und packste für meine Mulle ein. Jebense schon her, Ober. Pfui Deibel, is det Bier warm! Na, dafür wird der Kaffe kalt sind. Haste wejen die Fistel wieder sone Stuhlbeschwerden, Otti?«
»Na und wie! Frühmorjens bin ick überhaupt keen Mensch. Det drückt und piekt, sag ick dir, da hörste die Engel singen. Jetzt kommen Nachrichten, such

mal 'n andern Sender. Aber nich den ollen Biet. Nu kiek dir die Kleene an, einjepullert hat det Ferkel! Teuren Silastikfummel an, aber noch nich sauber! So wat jabs früher ooch nich.«

»Mit meine Kinder konnt ick überall hinjehn, in det feinste Restorang. Keinen Mucks haben die jesacht, ordentlich mit Messer und Jabel jejessen, und wenn se mal rausmußten, allet in anständije Form.«

»Na ja, Frieda, heutzutage haben die Mütter ja nischt wie Quallefizierung und Arbeetenjehn im Kopp, für die Kinder is keene Zeit. Und ufft Wochenende falln se denn ältere Leute uffen Wecker, die ihre Ruhe brau-

chen. Wat heißt hier, die Musik is zu laut? Det is wenigstens Musik, junger Mann, Lehar, wenn Ihnen det wat sacht! Haste det jehört, Frieda? Der traut sich wat!«

»Ick kieke schon die janze Zeit, wie der in sein buntet Hemde dasitzt, den Arm um det Mädel jeknüppert, als wollta se abwürjen. Fahrn durch die Natur und tun, als hätten se sturmfreie Bude. Nee, Otti, mit sone Jugend kommste nich mehr mit. Sind wa schon durchen Langen See? Na, denn können wa ja bald wieda Grünau anlejen. Länger hätt' ick det dußlije Jequatsche von die jungschen Karotten auch nich mehr ausjehalten.«

»Ick sage ja immer, Frieda, Berlin is nich mehr det, wat et mal war. Die Jugend und die Zujereisten haben die Stadt vasaut, so det sich ’n Alteinjesessener wie wir nich mehr traut, überhaupt noch det Maul uffzumachen.«
Als Frieda und Otti wütend die »Heinrich Mann« verließen, sagte der junge Mann im hellen Jackett zu seiner Frau: »Siehsde, Grisda, chabdr doch gesachd, es is ni anderscht wie off dr Älwe. Da hädden mor de Muddl gedrost mitnähm gönn!«

2. KAPITEL

Früher war alles ganz anders

Von der Zukunft haben wir alle mal entschieden mehr erwartet. Früher waren wir ein Volk in zwei Staaten, heute sind wir zwei Völker in einem Staat. Einer Umfrage zufolge sind nur 50 Prozent der Ostler mit der deutschen Regierung zufrieden; allerdings sind auch nicht mehr als 50 Prozent der deutschen Regierung mit den Ostlern zufrieden. Offenbar wissen immer noch zu wenige Wähler, was Politik überhaupt ist. Also, noch mal ganz langsam, zum Mitschreiben:

Politik ist,
die Leute auf elegante Art
und Weise so bescheißen,
daß sie denken,
sie hätten sich
das schon immer
so gewünscht.

MATHIAS WEDEL

Danke!

Um die Dankbarkeit der ostdeutschen Teilbevölkerung ist es immer noch schlecht bestellt. Ostler können einfach nicht Danke sagen. Besonders meine Tochter kann das nicht. Bevor die einmal Danke sagt, zum Beispiel nach Weihnachts- oder Osterbescherungen, geht sie zweimal aufs Klo, um sich nachzuschminken, und ruft drei Freundinnen an.

Vorige Weihnachten sagte sie zu ihrer Großmutter, die betont langsam das Geschenkpapier zusammenfaltete (für die nächsten Weihnachten): »Oma, du bist ja immer noch da.«

»Ja«, sagte ich sehr akzentuiert, »deine liebe, alte Oma wartet vielleicht noch auf ein liebes, altes kleines Wörtchen.«

Jetzt überlegte das beinahe erwachsene Kind angestrengt, um welches liebe, alte und kleine Wörtchen es sich wohl handeln mochte. Dann kam sie drauf: »Wieso, muß man jetzt schon Bitte sagen, damit sie wieder geht?«

Oma war den Tränen nahe. Eine mit den Tränen kämpfende Oma – das muß ja bei der übernächsten Generation Aggressionen frei setzen.

»Ja, ja, ich hab mich über das ganze Zeug gefreut, ehrlich«, brüllte das Kind.

Omas Antlitz hellte sich für einen Moment auf. Gleich würde es fallen, das Wort, das Herzen erwärmt. »Aber«, setzte es hinzu – und in diesem Moment hätte ich meiner Tochter in die Rede fallen müssen. Doch ich war nicht schnell genug. Ich habe versagt. »Aber wenn ich denke, daß in jeder Minute auf der Welt dreißig Kinder verhungern, und du schleppst hier diesen ganzen muffigen Wohlstandsmüll an! Ehrlich, das ist ja wohl zum Kotzen!«

ZUM KOTZEN.

Wer das Kind kennt, weiß, sie meint es nicht so. Sie meint es sogar ganz und gar andersrum. »Zum Kotzen« – das ist ihr Synomym für Danke.
Man muß sich auch einmal in die komplizierte Psyche eines so jungen Menschen hineinversetzen können. Die Wissenschaft hat festgestellt, daß Jugendliche ihre Zuneigung zumeist als kräftige Negationen und in Form verbaler Handkantenschläge ausdrücken. Aber auch richtige Schläge und Tritte auf Schulhöfen und der noch intimere Vorgang des Einander-ins-Gesicht-Spuckens sind durchaus ermutigende Zeichen für die Bereitschaft der Heranwachsenden, sich intensiv einander zuzuwenden. Du bist mir nicht egal, deshalb verdresche ich dich.
Geschlagen hat das Kind seine Oma an diesem Abend nicht. Aber es riß die eben bescherte reizende Handtasche vom Gabentisch und schrie seine lange aufgestaute Wut über den globalen Nord-Süd-Konflikt in den Heiligen Abend hinaus: »Made in Thailand! Oma!

Schämst du dich nicht! Erst habt ihr versucht, diese Leute als asiatische Untermenschen zu Sklaven eurer Herrenras-senideologie zu machen ...«

Oma klappte den Mund auf, als wollte sie etwas erwidern. Vielleicht wollte sie sagen, daß sie nur für acht Wochen beim Bund Deutscher Mädels war und schon aus diesem Grunde zum Zweiten Weltkrieg keinen strategischen Beitrag leisten konnte. Aber es ging alles viel zu schnell. Und es hätte ihr sowieso nichts genützt. »... und jetzt versklavt ihr diese herrlichen Menschen, indem ihr sie zur Billigproduktion eurer Weihnachtsscheiße preßt!«

Ich renne in die Küche, um für Oma einen Schnaps zu holen. Ein böses Schweigen klingt aus dem Wohnzimmer. Dann ruft Oma: «Komm bitte rein, und versteck dich nicht in der Küche. Ich will, daß du als Vater hörst, was und wie ich deiner Tochter zu antworten habe!«

Zitternd begebe ich mich wieder in den Lichtkreis des Gabentisches. Oma wird mir jetzt vormachen, wie man gegen notorische Undankbarkeit vorgeht. Vielleicht wird sie sagen, daß sie zur ersten Nachkriegsweihnacht über ein Kopftuch glücklich war, das aus den Fußlappen eines Stalingradsoldaten geschnitten war. Und Oma sagt: »Weihnachtsscheiße, na gut. Aber Billigproduktion? Billig nennst du diese wunderschöne Handtasche! Kindchen, das ist Rindsleder!«

»Rindsleder?« jault die Tochter auf und wirft sich weinend auf den Boden. »Ein unschuldiges Tier mußte sein Leben opfern, mußte bluten und leiden, damit du mir heute diese nuttige Tasche an den Hals

Klugalt und Altklug beim Betrachten der Sterne

schmeißen kannst! Ich fasse es nicht.« Das war vorauszusehen gewesen. Erst die verhungerten Kinder, dann die geopferten Rinder. So ist es immer, wenn meine Tochter Danke sagen soll.
Kürzlich hatte das Kind Geburtstag. Ich habe ihr hundert Mark geschenkt. Der Einfachheit halber habe ich die Summe gleich an die militanten Tierschützer überwiesen.
»Na, schönen Dank auch!« sagte das Mädel.
Na bitte – was will man mehr?

Sagt der Arzt zum Patienten*: »Sie wissen hoffentlich, daß jede Konsultation bei mir hundert Mark kostet!«*
Patient*: »Ja, Herr Doktor.«*
Arzt: *»Sie wissen hoffentlich auch, daß ich Ihnen für ein so bescheidenes Honorar leider nur maximal zwei Fragen beantworten kann.«*
Patient *beunruhigt: »Nur ganze zwei Fragen für hundert Mark, ist das nicht doch ein bißchen wenig?«*
Arzt: *»Mag sein. Soviel als Antwort auf Ihre erste Frage. Wie lautet die zweite?«*

C. U. WIESNER

Ein fast erfülltes Leben

Im nächsten Jahr nun gedenke ich, Wilhelm Dorn, Seniorchef der weltbekannten Bitterwasserwerke Dorn & Rösler, in körperlicher wie geistiger Gesundheit meinen hundertsten Geburtstag zu feiern. Aus diesem Anlaß bat mich der »Badeburger Landbote«, dem ich mich ein Menschenalter lang als treuer Abonnent wie auch als Inserent verbunden fühlte, den Lesern unseres dynamischen und aufstrebenden Gemeinwesens einige Denkwürdigkeiten aus meiner Biographie mitzuteilen.

Nichts gegen professionelle Journalisten, aber es gibt sensible, ja, heikle Punkte in einem so langen Erdenwallen, daß unsereins zögert, sie durch andere dargestellt zu sehen. So lasse ich es mir zur Ehre gereichen, diese Fortsetzungsserie selber aufzuschreiben, zumal die Beschäftigung mit meinem geliebten Computer zu den wenigen Genüssen zählt, die mir im Spätherbst des Lebens verblieben sind.

Immer wieder, und damit, liebe Leser, will ich beginnen, werde ich gefragt, was es mit der mysteriösen Zahl 33 für mich auf sich habe.

Ich wurde geboren am 3. August 1893, genau 33 Tage nach dem 33. Geburtstag meines Vaters, dem 1. Juli 1860, und 33 Tage vor dem Geburtstag meiner Mutter, dem 5. September 1860. Meinen ersten Schrei tat

ich um 3 Uhr 33 nachmittags, und mein Gewicht betrug exakt 3.333 Gramm. Das Thermometer am Fenster der Wochenstube zeigte 33 Grad Celsius an. Zu meiner Taufe waren ursprünglich 32 Gäste geladen. Als sich meine Eltern mit der Tischordnung befaßten, fiel ihnen zu ihrem Schrecken ein, daß sie Tante Dora vergessen hatten. Diese war sehr wohlhabend, gleichwohl als Zankteufel verschrien, der mit wenigen spitzen Worten ganze Gesellschaften miteinander verfeinden konnte. Da in unserer Familie seit eh und je Güter über Güte gestellt wurden, entschlossen sich meine Eltern, Tante Dora nachträglich einzuladen. Leider wurde ihr dieser diskriminierende Umstand durch die Schwatzhaftigkeit unserer Köchin offenbart.
Tante Dora erschien in einem sehr teuren rosenholzfarbenen Seidenkostüm sowie mit arg verkniffener Miene zu der Feier. Wie alle anderen weiblichen Gäste fühlte sie sich bemüßigt, den Täufling wenigstens für einen Moment auf den Arm zu nehmen, und so geschah es: Unser ewig aufgeregtes Kindermädchen hatte verabsäumt, mich ordentlich zu windeln, und ich, der ich ja noch ein kleines, unwissendes Tierlein war, vergaß mich so arglos, wenngleich heftig, daß sich der Unrat aus all meinen winzigen Körperöffnungen gleichzeitig und im ganzen doch ziemlich reichhaltig über Tante Doras Kostüm ergoß.
Wutentbrannt schrie sie mich an: Wenn du, kleiner Wechselbalg, den dreiunddreißigsten Gast so schnöde mißachtest, möge dir diese Zahl dereinst zum Schicksal werden!

Damit verließ sie die entsetzte Taufgemeinde.
Meine verstörten Eltern befragten in der Folge Geistliche, Mathematiker und auch Wahrsager nach der Wirksamkeit eines solchen Fluches, ohne »verständlicherweise« eine eindeutige Auskunft zu bekommen. Sie beruhigten sich erst, als Tante Dora 33 Tage nach meiner Taufe verstarb und mir ein Erbteil von 33.000 Mark hinterließ.
Ich wuchs heran, ein wohlgestalter, fröhlicher Knabe, vor dem die Eltern sorgsam das Geheimnis jenes Fluches hüteten. Vielleicht wäre das Leben anders verlaufen, hätte sich die schon erwähnte schwatzhafte Köchin nicht verplaudert, nachdem sie mir, dem Obersekundaner, am 3. Februar 1910 die Unschuld auf das zarteste, nun, sagen wir, entwendet hatte.
Von nun an änderte sich meine Lebenshaltung. Ich war davon überzeugt, daß ich meinen 33. Geburtstag nicht überleben würde. Zügellos suchte ich, bis dahin soviel wie möglich von den Genüssen des irdischen Daseins zu erhaschen, und war gar bald auf dem fragwürdigen Wege, zum übelsten Tagedieb, wie man Playboys damals nannte, unseres Landstrichs herabzusinken.
Als ich jedoch an einem herrlichen Augustabend des Jahres 1926 von der Terrasse meines Tessiner Hotels die Sonne im Lago Maggiore versinken sah, begriff ich, daß mir weitere 33 Sommer geschenkt waren. Ich fuhr nach Hause, schloß endlich meine Studien ab, übernahm die Fabrik meines Vaters und gründete eine Familie, indem ich Emilie Rösler, die Tochter unseres härtesten Konkurrenten ehelichte.

Während das Jahr 1933 anbrach, erfaßten mich noch einmal leise Zweifel ob der Bedeutung von Tante Doras Fluch. Sie wurden indessen rasch zerstreut. Die Firma Dorn & Rösler wuchs und gedieh prächtig. Als das Deutsche Reich seinen wiedergewonnenen Wehrwillen bekundete, bekamen wir umfangreiche Aufträge, unser neu entwickeltes »Badeburger Zielwasser« an die deutsche Artillerie zu liefern. Bekanntermaßen war es uns nicht vergönnt, den Kriegsausgang entscheidend zu beeinflussen.

In der Zeit des Wirtschaftswunders arbeitete ich so rastlos und unermüdlich, daß ich fast nicht bemerkte, wie das Jahr 1959 und damit mein 2 x 33. Geburtstag näher rückte.

Ich verbrachte den Tag allein mit meiner Frau in Ascona. Als wir zu meiner Geburtstagsrunde auf der Hotelterrasse ein Glas Champagner leerten, zeigte das Thermometer 33 Grad Celsius an. Aber statt des erhofften Sonnenuntergangs erlebten wir ein unbeschreibliches Gewitter. War es meine innere Anspannung oder meine noch immer ungebrochene kindliche Phantasie, daß ich in den Wolkengebilden Tante Doras grinsendes Gesicht zu erblicken glaubte?

Nachdem ich jenen Abend überstanden hatte, wußte ich, daß mir weitere 33 Jahre beschert sein würden. Ich zog mich aus der Firma zurück und widmete mich fortan dem Reisen und auch zunehmend parapsychologischen Studien.

In wenigen Tagen werde ich im engsten Familienkreise erst einmal geruhsam meinen 99. Geburtstag feiern. Die 99 war schon bei den keltischen Druiden eine magische Zahl, die sie in der Tempelanlage von Coulthardmllphanqpurhalynx in bemerkenswerter Schreibweise einmeißelten, nämlich:

3 x 3333333 error 4444444 error7777777

DORA!

+ + +

EXIT

»Da kommen schon die Erbschleicher.«

AUS HELMUT KOHLS TAGEBUCH

Es war im Berliner Zoo. Ich gehe meistens morgens früh oder abends spät dorthin. Ich komme gerade aus dem Menschenaffenhaus und begegne einer Rentnerin. Die guckt mich erstaunt an und sagt aufgeregt: »Moment mal, Sie sind doch ..., sind Sie nicht der Helmut Kohl!«
Ich sage: »Ja.«
Dann sie: »Und da dürfen Sie einfach so frei rumlaufen?!«

LISA HOFFMANN

Alltag in der DDR

Der Geschichtslehrer erzählt

Fahl dämmert der junge Morgen über der grauen Stadt herauf. Es ist fünf Uhr früh. Geduckt schleichen die Menschen zur Arbeit. Auf ihren gedunsenen Gesichtern spiegeln sich Furcht, Leid und Enttäuschung. Aus Lautsprechern dröhnen Arbeiterkampflieder.

An einer Straßenecke stehen neun Stasileute. Hämisch grinsen sie, mustern die Passanten verschlagenen Blicks.

Auch Herbert ist zu so früher Stunde schon unterwegs. Er zieht einen Handwagen. Herbert ist Verkäufer an einem Gemüsestand. Hart hat das Leben ihm mitgespielt. Nur wenige Tage, nachdem er, verhetzt durch die kommunistische Propaganda, in die SED eingetreten war, erfuhr er vom Ableben seiner Tante Berta.

Er erfüllte ihren letzten Wunsch, schickte die Urne postalisch zu lieben Verwandten nach Hamburg. Bald darauf klingelte es mitten in der Nacht an seiner Wohnungstür.

Lange Zeit wurde er in den Kellern der Stasi verhört. Anschließend warf ihn der Unrechtsstaat DDR wegen Beihilfe zur Republikflucht für viele Jahre ins Gefängnis.

Seit seiner Entlassung muß Herbert nun ein kärgli-

ches Dasein fristen. Doch nicht daran denkt Herbert heute.
Sein Blick schweift hoffnungsvoll über die baufälligen Fassaden, die gähnend leeren Schaufenster. Eine schwarze Limousine braust mit überhöhter Geschwindigkeit an ihm vorbei. Sekundenlang trifft ihn der Blick eines SED-Bonzen. Er hat harte, böse Augen. Herbert schaudert.
Dann aber begegnet er seinem Freund Gustav. Freundschaftlich schütteln sie sich die Hände. Auch Gustav hat ein müdes Gesicht. Seine Haare kleben – wie die so vieler Menschen im Osten – fettig am Kopf. Auch riecht er durchdringend nach Achselschweiß.
Gustav blickt sich um. Sind auch keine lauschenden Ohren in der Nähe? Leise raunt er: »Gestern haben sie wieder einen ...«
Herbert zuckt zusammen. »Psssssst«, erwidert er entsetzt. »Sei still! Willst du, daß man uns beide erschießt?«
Denn sofort nähert sich im Laufschritt ein Volkspolizist. Heimtücke blitzt aus seinen Augen. Gustavs Gesicht wird aschfahl. Aber Herbert beruhigt ihn schnell. »Was mich angeht, ich habe nichts gehört. Das ist alles, was ich für dich tun kann.«
Schon ist der Volkspolizist heran. »Was gibt es hier zu bereden? Habt ihr nichts zu tun?«
Die beiden blicken ihn flehend an. »Bitte, lassen Sie uns gehen, lieber Genosse Volkspolizist, drücken Sie ein Auge zu! Es soll ganz bestimmt nicht wieder vorkommen!«
Der Polizist läßt sich noch einmal erweichen. Böse

schnarrt er: »Da habt ihr noch mal Glück gehabt. Aber beim nächsten Mal: Sibirien!«
Herbert atmet tief durch und eilt zu seinem Gemüsestand. Liebevoll breitet er die Ware auf dem wackligen Tischchen aus. Viel ist es nicht: Ein paar Köpfe welker Salat, eine Kiste Kartoffeln. Und Weißkohl, die Artischocke der Kommunisten. Frauen mit abgehärmten Gesichtern reihen sich geduldig in die Schlange ein, die sich an Herberts Stand gebildet hat. Doch nur zu bald ist alles ausverkauft.
Eine junge Frau beginnt zu weinen.
Sie ist verzweifelt. Wie soll ich jetzt meine Kinder ernähren, denkt sie. Bilder drängen sich ihr auf: der Stasiarzt, der ihr Baby mit gemeinem Lächeln über einen Wassereimer gehalten hatte ... Wieviel Schreckliches hatte ihr Mutterherz in jenen Sekunden ausgestanden! Und dann der Tag, an dem ihr Jüngster, ihr Nesthäkchen, mit geschorenem Kopf von einer Versammlung der FDJ-Pioniere kam! Die junge Frau schluchzt herzzerreißend.
Mitfühlend blickt Herbert ihr in die Augen. Sie ist noch so jung, denkt er, und schon so gebrochen.
Er trifft eine Entscheidung.
Vorsichtig schaut er sich um.
Dann greift er in die Tasche seiner abgetragenen Joppe, holt behutsam seinen größten Schatz hervor: eine Tafel feinster Milka-Schokolade. Diese drückt er der Frau in die Hand. Dazu summt er leise ein paar Takte des Lieds »Über den Wolken ...« von Reinhard Mey.
Die Frau versteht ihn, auch ohne lange Erklärungen.

Sie strafft ihre Schultern, stumm, nur mit den Augen, dankt sie dem Gemüseverkäufer.
So, auch dies wollen wir nicht vergessen, haben die Menschen in den neuen Ländern einander geholfen in jener schweren Zeit.

Richter:	»Frau Zeugin, wie alt sind Sie?«
Zeugin:	*»Neununddreißig und ein paar Wochen.«*
Richter:	»Wieviel Wochen genau?«
Zeugin:	*»Fünfhundertneunundsiebzig, Hohes Gericht.«*

JOHANNES CONRAD

Der Schmierölfanatiker

Ich kann zwar nicht mit fünf Broten und zwei Heringen 5000 Mann speisen, aber am 24.12. geboren bin ich ebenfalls, meine Apotheke schickt mir sogar Glückwünsche, das kann Jesus nicht aufweisen! Obwohl ich sagen muß, daß ich lieber mit fünf Broten und zwei Heringen 5000 Mann speisen möchte, als dauernd bei den teuren Medikamenten zuzahlen zu müssen. Ich tröste mich aber mit meiner Zeitung darüber hinweg. Am Dienstag beispielsweise wurde dem Leser darin mitgeteilt, daß er mit fünfundsechzig nicht weniger als zwanzig Jahre verschlafen hat. Das war sicher gegen uns Rentner gerichtet, aber ich hatte mehr verschlafene Jahre erwartet, schon wegen meiner Frau, die zwar noch keine fünfundsechzig ist, aber jeden Abend wie betäubt beim Fernsehen in den Schlaf fällt, um nicht zu sagen stürzt, wobei ich gerechter weise zugeben muß, daß meine geliebte Frau letztens, als dieser amerikanische Kultklassiker lief und Gene Kelly als Robert Schumann plötzlich »Klara, bist du's?« rief, so betäubt nun auch wieder nicht geschlafen haben kann, weil sie mitten aus dem Schlaf heraus mit hoher, fremder Kinderstimme Gene Kelly »Ja, was ist?« geantwortet hat! Normalerweise schläft meine Frau aber wie ein Stein, obwohl sie ebenfalls, wie Robert Schumanns Frau, Klara heißt und eigentlich dauernd Klavier spielen

müßte. Ich hingegen bin putzmunter beim Fernsehen, stoße kraftvolle, ordinäre und manchmal sogar schweinische oder pornographische Flüche aus, ärgere mich halb kaputt und drohe dem Bildschirm mit den Fäusten, weil ich mir trotz der Alterslasten innerlich so jung wie ein junger Frosch vorkomme, quak! Meine grüne Seele trägt sozusagen Märzveilchen am Revers! Vor einiger Zeit beispielsweise traf ich bei einem Besuch in Sachsen meinen 93jährigen ehemaligen Physiklehrer Dr. Prötzel, der früher in der Schule immer roch, wie wenn jemand die Stullenbüchse aufmachte. Er roch noch immer so, mir lief wie in meiner Schulzeit schon von weitem das Wasser im Munde zusammen, ein pawlowscher Reflex, doch war Dr. Prötzel mächtig altbacken geworden, der liebe Alte, ein welker Streuselkuchen! Nun verhielt ich mich aber nicht wie der reife, vom Dasein gebeutelte Mensch, der ich bin, sondern ich versuchte mich sofort ängstlich an die Schmelzpunkte fester Stoffe, Dr. Prötzels Steckenpferd, zu erinnern, um sie Dr. Prötzel entgegenrufen zu können, weil er sie früher immer und immer wieder abgefragt hatte. Butter zum Beispiel hat einen von 32 Grad, ekelhaft, was?
Bezeichnenderweise aber wollte Dr. Prötzel, obwohl er als Lehrer ein hitziger Typ war und Netzunterhemden getragen hatte, nichts mehr von den Schmelzpunkten fester Stoffe wissen, erloschen war die Flamme! Stattdessen begann er bei meinem Anblick wie von Sinnen mit den Affenarmen herumzurudern wie einer, der gleich losfliegen will, und stieß dazu krähende Altmännerlaute des Wiedererkennens aus,

er erkannte mich wieder, der alte Knochen, die blöden Passanten, von denen wahrscheinlich nicht einer eines meiner wertvollen Bücher besaß, drehten sich schon nach uns um! In einer Stadt mit immerhin 17000 Einwohnern und früher einem König-Albert-Denkmal auf dem Marktplatz! Aber wie man sah: Schüler und Lehrer, beide über 65, der eine wenig, der andere viel, doch wie die Kinder, wie die Kinder!
Dabei wird der Mensch heutzutage dauernd mit der Schnauze auf sein Altern gestoßen! Wie zum Beispiel – jetzt tritt er ins Bild! – mein Nachbar Neubauer, der seit Ewigkeiten diese olle, ölige Arbeit hatte und jetzt arbeitslos ist. Dem sagte der Herr auf dem Arbeitsamt, als Neubauer ihn fragte, warum's denn nicht endlich mal klappt mit einer Vermittlung, »Warum klappt's denn nicht endlich mal mit einer Vermittlung?« fragte er, und da sagte ihm doch dieser Herr da, dieser Angestellte: »Sie sind schon sechsunddreißig, Herr Neubauer, da wird's langsam schwer!«
Obwohl der Herr vom Arbeitsamt schon bald fünfzig war und eine Krawatte mit kleinen Teddybären drauf trug, konnte mein Nachbar nicht mal mehr über diese Bemerkung lachen, so weit war er schon gekommen mit sich und der verdammten Arbeitslosigkeit, sonst hätte er sich vor Lachen zerrissen, sagt er, aber er hat's nun mal nicht mehr gekonnt, salve! Uns Deutschen, sagt er, wäre eben infolge unserer anhaltenden humanistischen Erziehung der Humor abhanden gekommen. Goethe hätte, sagt er, in seinen FAUST wenigstens etwas zum Lachen schreiben sollen, hier und da immer wieder mal etwas mehr zum Lachen, sagt

er, dann hätten wir Deutschen uns in der Schule bei Goethe und unserem Nationalstück auch mal etwas kaputtlachen können, nicht wahr, und würden heute auf dem Arbeitsamt nicht mit »Meine Ruh' ist hin, mein Herz ist schwer«, sondern mit guter Laune erscheinen, selbst wenn wir dort nicht fest angestellt wären und keine Teddybärkrawatten trügen!
Ich habe zwar geschwiegen dazu, obwohl Krawatten mit Teddybären drauf überhaupt nicht zu Arbeitsämtern passen, aber mir war sofort klar, daß Neubauers Mißerfolge, obgleich ihnen ein faustischer Zug innewohnte, nichts mit Goethe zu tun hatten, sondern angeborenes Schicksal waren, Kismet sozusagen. Vermutlich war Neubauer ein Verlierer oder, wie die Amerikaner, von denen ja heute alles Vorbildliche kommt,

sagen, ein **l o s e r**, der, im Gegensatz zum **w i n n e r**, dauernd losed beziehungsweise verliert, also nur noch Kosten verursacht wie unser alter Wellensittich, und nichts einbringt, es ist rein amerikanisch, doch neuerdings auch in Mecklenburg an der Tagesordnung. Sogar da pfeifen sie auf ihre schönen, langsamen Kartoffeln und wollen winner sein, nichts als winner!
Dabei kann selbst die längste Marathonstrecke viel bequemer und schneller als vom **w i n n e r** mit seiner heraushängenden Zunge mit dem Moped bewältigt werden, was sogar dem **l o s e r** möglich ist, wenn er nicht durch die Mopedprüfung gefallen sein sollte! Aber auch als solch eine Oberflasche hat er keinen Grund, es dem winner nachzutun und vielleicht sogar diese alten, klapprigen Säcke, die als Bankpräsidenten, Vorstandsmitglieder, Konzernbosse und dergleichen die Welt regieren, zu beneiden. Kaum Papst, benötigen sie schon ein Papamobil! Oder sie müssen wie einst Mao, als er während der Kulturrevolution den Jangtse durchschwamm, durch abgetauchte, brave Kampfschwimmer über Wasser gehalten werden, beziehungsweise werden sie, wenn sie beispielsweise auf 1.-Mai-Tribünen stehen, unauffällig von hinten abgestützt. Wie in siegreichen Zeiten unsere ehemaligen Politbüromitglieder von knienden Stasiathleten, obwohl sie eigentlich schon lange Rentner waren und zu Hause von ihren Frauen hätten abgestützt werden müssen. Hätten sie bloß!
Darum sagte ich dann auch zu meinem Nachbarn Neubauer: »Seien Sie froh, Herr Neubauer, daß Sie

noch keine Kampfschwimmer benötigen, Sie durchschwimmen den Jangtse noch ohne fremde Hilfe!«
»Aber die Schweine lassen mich nicht!« erwiderte der undankbare Mensch und ließ die Schnauze hängen wie sieben Tage Regenwetter, Kafkas gesammelte Werke waren Lachsäcke dagegen! »Mein Gott«, sagte ich, »selbst wenn Sie bald in den Vorruhestand kämen, was wäre denn da Schlimmes dran, Herr Neubauer? Sehen Sie nur mal mich an als Rentner, es ist zwar zum Heulen, aber wenn ich wollte, könnte ich mich sogar Senior nennen oder einen ganzen Tierpark aus Eicheln und Kastanien zusammenbasteln. Als Rentner ist man endlich frei, Herr Neubauer, hurra, kein blöder Chef mehr, keine schwarzen Pfoten, höchstens mal ein kleiner Schlaganfall!«
Neubauer sah mich nur angewidert an. Der würde sich nie im Leben Senior nennen! Das war mir vielleicht eine vernagelte Wundertüte! Schon zu DDR-Zeiten kam er Abend für Abend mit rabenschwarzen Pfoten von seiner öligen Maloche – »rataratabumbum, rataratabumbum!« – und sehnte sich, wie es mir auf der zugigen Treppe schien, nach heißen Wannenbädern und dem Schweigen der Wälder. Und jetzt, wo er das haufenweise hatte, ließ er die Schnauze hängen!
Schließlich war arbeitslos nichts Besonderes! Millionen waren arbeitslos! Wenn die nun alle die Schnauze hängen lassen wollten! Bei der vielen, schönen Freizeit! Konnten pausenlos Fernsehen gucken, die Brüder, neuerdings auch noch den Kinderkanal, wo den künftigen Arbeitslosen schon als Kindern beige-

»Ich hab gar nicht gedacht, daß es noch steht, Gretel.«

bracht wurde, daß sie nicht mehr eigenhändig spielen, Abenteuer erleben, auswendig lernen und Einfälle haben mußten, sondern daß das der Kinderkanal für sie erledigte, sie mußten nur noch gucken! Vielleicht richteten sie bald auch noch einen Arbeitslosenkanal ein, wo die Arbeitslosen sehen konnten, wie man als fröhlicher Frührentner im Polonaisenzirkel mitmachte oder wie es aussah, wenn der Mensch arbeitete und daß das manchmal gar nicht so lustig war, sondern auch ganz schön zum Kotzen sein konnte! Aber wie ich Neubauer kannte, sehnte der sich dann immer noch nach seinen Ölpfützen zurück! »Wo Sie doch in zwanzig Jahren fünfundfünfzig sind, Herr Neubauer! Dann können Sie schon in den Vorruhestand gehen, das ist doch auch schon bald wie Rentner, da können Sie nie mehr arbeitslos werden, Herr Kollege, zwanzig Jahre sind ein Hühnerschiß heutzutage!« sagte ich herzlich. Der Kerl glotzte mich nur trübe an. Der wollte Öl!

Weil ich mich doch aber nun, wie gesagt, trotz des Alters innerlich wie ein junger Frosch fühle, wenn auch das Grün etwas ausgeblichen und mit der Springerei nicht mehr viel los ist, öffnete ich Rindvieh diesem Staucherfettsüchtigen meine Knabenseele und gestand ihm, daß mir zum Beispiel schon seit Jahrzehnten jeden Morgen ein Lächeln durch den Körper fahre, wenn ich den uralten, kolorierten Kupferstich mit der Krickente, der schon seit zweiundvierzig Jahren über meinem Schreibtisch hängt, geraderücke, obgleich er schon fünf Minuten später wieder schief hängt!

»Das hat mich früher sogar über unseren Parteisekretär hinweggetröstet!« gestand ich dem Kerl und setzte liebevoll hinzu: »Denken Sie sich doch ebenfalls so was aus, Herr Neubauer, man soll auch die kleinen Kartoffeln achten!« – »Na, gut«, sagte Neubauer, »dann werde ich, ehe ich mich für den Vorruhestand anmelde, schon mal in meiner Wohnung die Bilder schief hängen, damit ich sie dann geraderücken kann!« Damit ging er. Ich glaube, er hat mir nicht geglaubt, der düstere Sack, der überhaupt nichts vom Rentnerdasein zu halten scheint, ein Schmierölfanatiker, dem man endlich mal Arbeit geben sollte!

3. KAPITEL

Vom Leben vor dem Sendeschluß

Es gab eine Zeit, in der wir noch zu hoffen wagten, daß sie per Bildschirm ab und zu auch mal Gedanken übertragen werden. Dieser Wunsch hat sich bis heute nicht erfüllt. Einen tragbaren Fernseher haben viele, nun fehlt bloß noch ein tragbares Programm. Glücklicherweise fühlen sich wenigstens die deutschen Politiker verpflichtet, den deutschen Komikern den Rang abzulaufen. Danke, danke, danke! Ohne unsere Politiker hätten wir nichts zu lachen. Rätselhaft bleibt nur: Früher, als es überhaupt kein Fernsehen gab, haben die Leute auch geguckt.

Frage:
Wohin eigentlich?

PETER HOFF

Der Greis ist heiß!

Unsere Fernsehanstalten, auf die Quote erpicht, bauen vor allem auf die Jugend als Zielgruppe für ihre Programme. Ein verhängnisvoller Irrtum! Unsere Gesellschaft verjüngt sich nicht, im Gegenteil. Rund zwanzig Prozent aller Deutschen sind heute bereits älter als sechzig. In weniger als zwanzig Jahren wird der Anteil der Übersechzigjährigen schon auf ein Drittel angestiegen sein. Und das Fernsehen, das von sich behauptet, den Finger am Puls der Zeit zu haben, ignoriert diese Entwicklung und klammert sich an den flüchtigen, süßen Vogel Jugend, sucht ihn für sich einzufangen und in einen goldenen Käfig zu sperren. Ihn füttert es mit teuren Programmen in der Hoffnung, er werde die ersehnten goldenen Eier legen.

Wem aber gehört die Zukunft?

Den Rentnern!

Wer hat die dicksten Bankkonten?

Die Rentner!

Die Devise ist klar: **Rentner vor die Röhre!** Rentner in die Programme! Der Rentner als solcher ist ja beileibe kein Fernsehmuffel, obgleich ihn das Fernsehen Tag für Tag und Nacht für Nacht immer wieder bitter enttäuscht. Was sollen ihm die Videoclips von VIVA?

Wozu braucht der Nutzer von Coregatabs die Teletubbies? Ein Achim Mentzel allein macht noch kein Rentnerprogramm! Und auch die vereinte Sangeskraft von Margot & Maria Hellwig, Heino & Karl Moik hilft nicht weiter.
Der statistische deutsche Durchschnittsrentner verbringt mehr Zeit vor dem Bildschirm als jede andere soziale Gruppe, der Ostrentner täglich 289 Minuten, der Westrentner 259 Minuten. Was ist dagegen schon ein täglicher Fernsehkonsum von 131 Minuten/Ost bzw. 108 Minuten/West, den sich die heftig umworbenen Jugendlichen gestatten?
So präsent die Alten vor dem Fernsehschirm sind, so absent sind sie im Programm. Das war nicht immer so. Vorbei die Zeit, da wir uns in der »Aktuellen Kamera« am menschlichen Reifen der Mitglieder des Politbüros erfreuen und Mut schöpfen konnten für das persönliche Leben jenseits der Siebzig, vom Beispiel des rüstigen Greises Konrad Adenauer mal ganz abgesehen. Heute lassen die nachdrängelnden echten und falschen Fuffziger keinen Regierungschef mehr den wohlverdienten Lebensabend in aller Ruhe auf dem Kanzlersessel aussitzen. Noch keine siebzig Jahre alt, wird er schon vom undankbaren Pöbel auf Nimmerwiedersehen abgewählt. Wie langweilig wäre nach dem Abschied der christliberalen Koalition die Fernsehunterhaltung geworden, hätte der Altkanzler und Ex-Ehrenvorsitzende nicht noch aus dem politischen Ruhestand heraus neue TV-Spiele ersonnen, das heitere Spendenraten etwa als Spiel ohne Grenzen. Auch als Pensionär weiß Helmut Kohl

genau, mit welchen Mitteln man als Spielmeister die Bildschirme füllt.

Der Sessel vor dem Fernsehapparat, elektromechanisch höhenverstellbar, ist des Rentners liebstes Möbel. Von hier aus verschafft er sich den Überblick über die Wirklichkeit. Und vergessen wir nicht: Die Wahlen werden im Fernsehen gewonnen! Oder verloren. Rudelweise kreuzen die Kandidaten auf in den Laber-Shows. Sie streichen durch die Seniorenklubs und verteilen Naschwerk, auf daß ihnen auch nicht eine Seniorenstimme fehle. Seniorenstimmen sind auch deshalb so beliebt, weil sich der betagte Wähler auf Grund seiner biologischen Disposition an die Versprechungen des vorigen Wahlkampfs sowieso nicht mehr erinnern kann.

Für das passive Wahlrecht sind jedoch nur wenige interessant, bestenfalls ein einziger für das Amt des Bundespräsidenten, weil der Bundespräsident nur wenig zu entscheiden hat, wenngleich viel zu repräsentieren. Und! Gäbe es nicht die PDS, das deutsche Parlament hätte längst Schwierigkeiten, einen Alterspräsidenten jenseits der Vorruhestandsgrenze zu finden! Dynamik und Tatkraft werden kurzsichtig mit der »Jugend« identifiziert, als gäben nicht Inge Meysel, Brigitte Mira und der Heilige Vater in Rom, die kleine Schar der Senioren, die noch regelmäßig ihren Auftritt im Fernsehen hat, beredtes Zeugnis von der Lebenskraft der Bürger im höheren Lebensalter.

Wie nun danken die Fernsehanstalten den Treuesten der Treuen ihre Liebe und Anhänglichkeit? Höchst schäbig, offen gesagt, nur mit gelegentlichen Werbe-

spots für Treppenlifte und Kukidents, für pharmazeutische Mittel gegen Inkontinenz oder Prostatastörungen!

Als wären die deutschen Rentner nichts als ein Haufen wandelnder Pflegefälle und fußkranker, impotenter Gebißträger mit permanentem Harndrang!

Freilich ist die Altenverachtung eine Erscheinung erst der jüngeren Zeit. In meiner Jugend hatten reife Persönlichkeiten durchaus noch ihren Platz auf dem Fernsehschirm, vom Schweinderl-Robert Lembke bis zur Waschpulver-Clementine. Er der Ehrengroßvater der Nation, sie die Symbolfigur der deutschen Frau vor dem Hintergrund des sauberen Bildschirms; sie wußte aus lebenslanger Erfahrung mit Kaisern, Kanzlern, Führern und wieder Kanzlern, wie man dieses unser Land nach jeder Schweinerei nicht nur sauber, sondern porentief rein bekam.

Oder, erinnern Sie sich an den Tchibo-Mann? Ein letzter Vertreter jener Epoche, als Deutschland noch um seinen Platz an der Sonne kämpfte, das deutsche Gegenbild zum britischen Gentleman, nie ohne steifen Hut, stets mit feinem Lächeln um den weißen Schnäuzer. Ihn liebten die Eingeborenen rund um den Globus. Er reiste um die Welt und kostete mit Genießermiene den Mokka aller Kontinente, um für uns die besten Kaffeebohnen aufzuspüren. Bei ihm hatten Kaffeefahrten noch den Duft des Abenteuers in der großen, weiten Welt, er bewältigte die Gipfel Perus noch ohne Treppenlift: long, long, ago ...

Heute bemühen sich die Sender krampfhaft darum, Heranwachsenden das magere Taschengeld aus den platten Brustbeuteln zu ziehen. Aber, liebe Sendeverantwortliche, das sind doch Peanuts, verglichen mit den Beträgen, die unsere Omis und Opis im Sparstrumpf verbergen! Dort sind die Goldminen, dort müßt ihr schürfen! Aktiviert die Kaufkraft der Senioren!

Versandhaus statt Reformhaus – hier haben die Shoppingsender und die Werbeblöcke, die auf den privaten Kanälen immer seltener vom Programm unterbrochen werden, ihre Chance! Wofür geworben wird, ist egal. Werbung verkauft keine Produkte, sondern ein Lebensgefühl, das ist ja bekannt. Es kann doch nicht so schwer sein, unseren Seniorinnen und Senioren das Gefühl zu vermitteln, daß sie als Konsumenten immer noch begehrt sind, das Gefühl, daß sie ein Schnäppchen nach dem anderen machen, daß sich das Blatt endlich gewendet hat und sie auf der Seite der Gewinner sind, Sieger der Geschichte gleichsam. Ob sie das Gekaufte gebrauchen können oder nicht, spielt keine Rolle; nur günstig muß es gewesen sein. Packt die Omi bei der Sinnlichkeit, und ihr habt die willigste Verbraucherin!

Aber, und jetzt muß ich doch auch mal kurz an die Senioren appellieren, für nichts ist nichts. Ein bißchen müßt ihr euch schon selbst anstrengen, wenn ihr ins Fernsehen wollt. Darum runter vom Sofa, und rauf auf die Straße! Verzweifelt bemühen sich Enkel und Urenkel, euch ähnlich zu werden. Sie lassen sich die Haarpracht scheren, wo den Altchen der kreisrunde Haarausfall natürliche Skinheads beschert hat oder wenigstens eine Tonsur. Nur habt ihr es bisher versäumt, eure Glatzen mit völkischen Kampfsymbolen zu schmücken! Opis, ihr habt viel nachzuholen! Und auch ihr, Omis, könntet eure Chancen besser nutzen. Wozu habt ihr beispielsweise die flotten Gehhilfen? Doch wohl nicht nur als drittes Bein! Eure Kinder

spielen mit ihren Baseballschlägern ja auch nicht nur Baseball.
So, und nun strengt eure Phantasie mal ein bißchen an!

Pfeift drauf, ob man euch liebt, solange man euch nur fürchtet! Seid bloß nicht zu zaghaft, dann kommt ihr garantiert in die Talkshow. Jede V.I.P., die irgendwann einmal mit einer anderen V.I.P. ein illegitimes Baby in die Welt gesetzt hat, darf sich der geballten Aufmerksamkeit aller siebenhundertdreiundachtzigeinhalb TalkshowmoderatorInnen gewiß sein. Wo aber bleibt der muntere Greis? Wenn der noch zeugen darf, dann immer bloß für eine Zeit, die er längst hinter sich gelassen hat.

Seid nicht schüchtern,

verursacht Skandale!

Wenn die ersten Seniorengangs die Straßen unsicher machen und die jugendliche Punkszene erste Opfer beklagt, die von terroristischen Omas auf offener Straße krankenhausreif gekitzelt worden sind, dann endlich werden Omi & Opi ihren festen Platz in den Fernsehnachrichten haben.

Auch in der »Lindenstraße« muß Schluß sein mit der Randexistenz der Rentner! Für Else Kling, die ins Seniorenheim abgeschoben werden sollte, mußte eine Bürgerinitiative das Bleiberecht erkämpfen! Onkel Franz hat gar Stubenarrest in Helga Beimers »Schöner-Wohnen«-Domizil verpaßt bekommen, als ob rechtes Denken in der Öffentlichkeit ein Vorrecht der Jugend wäre! Senilerotik ist sogar gänzlich verbannt aus der Lindenstraße, seit Frau von der Marwitz und ihr Liebhaber in den Selbstmord getrieben worden sind.
Soll das etwa ein erfüllter Lebensabend sein?

Der Rentner und die Rentnerin brauchen wieder ihren Platz nicht nur in der Fernsehsoap, sondern erst recht in völlig neuen Formaten. Vorstellbar wäre eine Docu-Soap »Grand Mother«, die nicht in einem »Big Brother«-ähnlichen Container angesiedelt ist, sondern in einem deutschen Seniorenheim, wo die Insassen bekanntlich noch strenger von der Außenwelt isoliert sind. Auch sie könnten durch verspiegelte Wände hindurch mit Kameras rund um die Uhr dabei beobachtet werden, wie sie essen, schlafen oder hingebungsvoll ihre Dritten putzen. Ihren Gesprächen zu lauschen wäre voll toll, denn ihre Sprüche sind entschieden weiser als das dümmliche Sladdi-Blabla.

Die Zuschauer hätten Spaß ohne Ende. Per TED könnten sie über das Schicksal der »Grand-Mother«-Oldies entscheiden. Sie könnten Wetten darüber abschließen, wer die nächsten hundert Tage überleben darf, wer vom Einzelzimmer in eine Gemeinschaftszelle verlegt wird, wessen Herzschrittmacherbatterie aufgeladen wird und wessen leider nicht, wer Heimkost essen darf und wer die Pizza vom Italiener geliefert kriegt. Der Sieger darf in eine Sozialwohnung mit kostenloser medizinischer Betreuung umziehen, anschließend eine eigene CD herausbringen und Sladdi aus den Charts verdrängen.

Denn attraktiv muß solch ein Preis schon sein, wenn wir die reifere Jugend als Zielgruppe fürs Fernsehen zurückgewinnen wollen. Packen wir's an!

Der Greis ist heiß!

Mit großen Erwartungen hat eine Dame sich vom Fotokünstler porträtieren lassen. Leider ist sie mit dem Ergebnis gar nicht zufrieden, aber überhaupt nicht! »Ehrlich gesagt, Herr Fotograf, Ihre Fotos waren früher wesentlich besser.« »Möglich«, sagt der Fotograf, »da war ich aber auch noch wesentlich jünger, gnädige Frau.«

»Wenn ich Äpfel ernten will, sag ich es schon.«

ERNST RÖHL

Die Täter sind unter uns

Beim Hamburger Fernsehn, in der Tatort-Dramaturgie, sitzen ein paar unerhört fähige Leute, und ein fleißiger Krimi-Autor kann mit ihrer Hilfe schon ein paar Euro verdienen. Darum trage ich meine Ideen immer gleich, wenn mir eine so richtig blutrünstige Story eingefallen ist, in Anwesenheit eines Regisseurs meiner Dramaturgin Lilo vor, bei einer Ideenberatung, die in Hamburg natürlich Brainstorming heißt.

Was ein Regisseur ist, hat sich herumgesprochen. Was aber ist ein Dramaturg? Ich will es euch sagen: Ein Dramaturg ist ein verhinderter Schauspieler, den keiner Regie führen läßt.

»Hände hoch, Herr Kommissar«, sage ich etwa, »das soll der Titel sein.«

Meine Dramaturgin nickt ermunternd.

Der Regisseur schließt genüßlich die Augen.

»Unser Mörder«, sage ich, »entstammt den fünf neuen Bundesländern. Kein Wunder, daß er vor keiner Sauerei zurückschreckt, nicht mal vor Wettbetrügereien auf der Pferderennbahn. Da hat er ja sogar ein Rennpferd laufen, mit dem arbeitet er Hand in Hand. Das Geld ist seine Welt, er hat ja sogar ein Konto in der Schweiz!«

»In der Schweiz?« fragt Lilo. »Warum denn nicht in Luxemburg?«

»Warum«, sag ich, »denn ausgerechnet in Luxemburg?«
»Weil die Schweiz gar nicht Mitglied in der Europäischen Gemeinschaft ist! Und wir brauchen doch die Fördergelder aus Brüssel!«
»Ach so«, sage ich, »das ist schon okay, Lilo, der hat sein Konto ja in der Sächsischen Schweiz.«
Die beiden atmen auf.
»Also, unser Mörder«, sage ich, »merkt eines Abends, daß in seinem Sparbuch das Komma verdammt weit links steht, steckt die Pistole ein und setzt sie einer Oma, die gerade aus dem Seniorenklub heimkehrt, auf die Brust und sagt knallhart: ›...‹«
»Stopp!« ruft der Regisseur. »Die Szene kennen wir leider schon, junger Mann.«
»Richtig«, sagt Lilo, »und zwar aus dem Tatort ›Tote brauchen keine Wohnung‹!«
»Okay«, sag ich, »dann machen wir's anders. Der Mörder stammt nicht aus den neuen Bundesländern, ganz im Gegenteil, er ist ein weißrussischer Schwarzarbeiter. Brutal setzt er einer Oma, die gerade aus dem Seniorenklub heimkehrt, die Pistole auf die Brust und sagt knallhart: ›...‹«
Der Regisseur fällt mir ins Wort. »Guten Abend, liebe Omi!« zitiert er. »Auch das kennen wir, mein Bester.«
Er ist einer von diesen ekelhaften Typen, für die alles, was andere Leute vorschlagen, schon mal dagewesen ist.
Doch auch Lilo kennt die Szene, und zwar aus dem Tatort ›Tödlicher Asphalt‹ mit Alfred Biolek als Oma.
Ich schweige verdrossen.

So kann ich wenigstens nonverbal meinen Widerstand gegen die Beschränkung meiner künstlerischen Freiheit formulieren. Leider aber steht auch auf meinem eigenen Konto das Komma sehr weit links; mir muß unbedingt was einfallen, darum sage ich: »Wenn wir unzulässige Wiederholungen vermeiden wollen, muß die Oma gar nicht erst erschossen werden; sie kann ebensogut auf grausige Art erwürgt werden, erstochen, erschlagen, gevierteilt, gefünfteilt ...«
Die beiden winken ab.
»Die Oma«, sage ich, »muß auch nicht unbedingt auf offener Straße ermordet werden. Sie kann ihr Verbrechen ebensogut in der Disco begehen, auf dem Zeltplatz, im Kino oder im Puff ...«
Die beiden winken ab.
»Die Oma muß nicht mal Oma sein«, sage ich. »Sie kann auch ein Opa sein! Oder Fußballprofi, Feuerwehrmann, Steuerberater, Moneycoach, Diabetiker ...«
Die beiden winken ab.
»Und ich bestehe auch nicht darauf, daß der Mörder ein Mörder ist. Er kann eine Mörderin sein, eine Erpresserin, eine Bankräuberin, meinetwegen auch eine Falschmünzerin!«
Doch jeder meiner Vorschläge ruft nur zwei müde Lächeln hervor. Alles ist angeblich »schon mal dagewesen«. Wenn nicht im richtigen Leben, dann doch wenigstens in der ARD, im ZDF, bei RTL, SAT 1 oder Pro 7. Kann ja sein. Halt' ich für möglich. Tag für Tag passieren in der deutschen Wirklichkeit fünf Morde, im deutschen Fernsehen sogar fünfundneunzig!

Da bleibt einer schmutzigen Phantasie nur wenig Raum.
Mir jedenfalls, obwohl ich es bitter nötig hätte, fällt nichts mehr ein.
Der Regisseur hat schon vor zehn Minuten abgeschaltet.

Eine wirklich gute Dramaturgin aber entfaltet ihre Qualitäten erst, wenn anscheinend gar nichts mehr geht.
»Moment«, sagt Lilo, »laßt mich überlegen! In der Realität passieren doch die tollsten Sachen: Diebe werden von Dieben beklaut, Betrüger von Betrügern betrogen, Mörder von Mördern ermordet, Kinderschänder von Kinderschändern geschändet ... Höchste Zeit, daß wir neue Wege beschreiten! Ich schlage einen Tatort vor, in dem kein einziger Mord passiert. Es läuft alles streng nach den Gesetzen. Es gibt einfach keine Opfer!«

Der Regisseur erwacht. Wie elektrisiert springt er auf. »Genau, Lilo! Das isses! Das ist Spitze. Wir schaffen den optimistischen, gewaltfreien Krimi: Der Mörder – edel, hilfreich und gut! Hauptsache, es strömt ein bißchen Blut. Eine Woche stationäre Behandlung. Ein paar heitere Szenen in der Schwarzwildklinik oder in der Praxis Külowbogen ...«

Meinetwegen.

Mir soll's recht sein.

Wenn es gut bezahlt wird, warum nicht!

Vielleicht kriegen wir ja sogar den Humanitätspreis von amnesty international.

»Ich spiel' es mal durch«, sage ich. »Also, ein unbewaffneter Täter raubt einer Oma eine Handtasche mit

fünftausend Mark, das entspricht zweitausendfünfhundert Euro.«

»Unbewaffnet?« Lilo ist skeptisch. »Die Pistole brauchen wir, aber es muß natürlich nicht scharf geschossen werden.«

Ich ändere: »Ein mit einer kaputten Pistole bewaffneter Mörder raubt einer Oma eine Handtasche mit fünftausend Mark ...«

»Die Pistole stört«, warnt der Regisseur. »Sie macht unsern Mörder so schrecklich unsympathisch.«

Lilo gibt klein bei.
Ich ändere: »Ein unbewaffneter Mörder raubt einer Oma, die gerade aus dem Seniorenklub heimkehrt, eine Handtasche mit fünftausend Mark.«
Lilo schüttelt den Kopf: »Ich fürchte, Raub ist auch nicht das Richtige, gerade jetzt, auf dem Hintergrund der Rentenreform ...«
Ich ändere: »Eine bis an die Zähne bewaffnete Oma verliert fünftausend Mark.«
»Fünftausend Mark«, sagt Lilo, »warum denn gleich soviel?«
Ich ändere in viertausend Mark.
Lilo schweigt, und ich gehe in mehreren Etappen runter bis hundert Mark.
»Das Beste ist«, sagt der Regisseur, »sie verliert überhaupt nischt!«
»Einverstanden«, sagt Lilo.
»Also, der Mörder«, sage ich, »setzt einer nichts Böses ahnenden Seniorin die Pistole auf die Brust, und es gelingt ihm, ihr hundert Mark zu schenken.«
»Warum nur hundert?« sagt Lilo.
Ich ändere in tausend Mark und gehe in Etappen flott bis fünftausend Mark hoch. Wie immer, wenn eine Bombenidee ins Stadium ihrer Reife eintritt, redet alles erregt durcheinander.
»Die Oma«, brüllt der Regisseur, »fällt vor Freude in Ohnmacht!«
»Jawoll«, jubelt Lilo, »ein Hauptkommissar der Kripo findet eine scheintote Oma!«
Das isses!
Wir haben es gepackt!

Die Geschichte geht nahtlos auf.
Wir Drei sind wunschlos glücklich. Und wir flippen völlig aus, als Lilo den erstklassigen Titel für unseren Schocker bekannt gibt.
Er lautet: Täter, auf die wir stolz sind.

Die Chancen der Marktwirtschaft

Drei ältere Damen unterhalten sich über die sagenhaften Erfolge ihrer Söhne in der Marktwirtschaft.

Sagt die erste:
»Mein Junge hat als Kellner angefangen, dann hatte er eine winzige Pension, dann ein kleines Hotel, und heute hat er schon eine ganze Hotelkette!«

Sagt die zweite:
»Meiner hat als kleiner Tankwart angefangen, dann besaß er selbst eine Tankstelle, und heute gehören ihm schon fünfzig Tankstellen!«

Sagt die dritte:
»Mein Junge ist schwul ...«

»Ach, wie schade, das tut uns aber leid!«

»Na, so schlimm ist es auch wieder nicht! Er hat ja zwei Freunde; der eine besitzt fünfzig Tankstellen und der andere 'ne Hotelkette.«

○○○ *Folge XII* ○○○

Rosi Wagenbrecht war an der Tür gestanden. Sie hatte Hedwig Brockmann und Ottilie Lindner lange nicht gesehen. Früher waren sie ein Herz und eine Seele gewesen. Ja, früher ... Aber jetzt? Rosi war schlagartig erschrocken. Trotzdem sah sie sinnend an sich herunter. Ihr blauer Faltenrock von Chanel sowie die lustig gepunktete Bluse, ein Erbstück aus dem 19. Jahrhundert, würden gewiß die richtige Kleidung für diesen feierlichen Anlaß abgeben. Dann öffnete sie mit einem jugendlichen Ausdruck die Tür. Ottilie Lindner machte einen Schritt auf sie zu. »Rosi!« rief sie mit fröhlicher Stimme.

Hedwig traten Tränen der Rührung über die Wangen. »Rosi! Gut schaust du aus! Laß mich raten: Frischzellenkur? Collagenaufbau? Sauerstofftherapie nach Professor Ardenne?«

»Nein, nein«, wehrte Rosi Wagenbrecht bescheiden ab. »Künstlicher Darmausgang. Eine Designerarbeit, die mich eine schöne Stange Geld gekostet hat.«

Durch Ottilies Augen huschte ein unschöner Ausdruck des Neides. »Dir ist wohl das Beste gerade gut genug, was!«

Rosi Wagenbrecht schluckte betreten, doch Hedwig Brockmann überspielte die Situation geschickt: »Al-

so, ich habe mir letzte Woche einen Bypass setzen lassen. Bypässe sind jetzt groß in Mode, sag ich euch. Hat mich meine Stradivari gekostet. Aber das war es wert! Man lebt eben nur einmal.«
Augenblicklich waren die beiden Kampfhähne wieder versöhnt. »Mädels, das Wiedersehen müssen wir feiern!« sagte Rosi Wagenbrecht mit gerührter Stimme. Sie schnippte ihren Zivildienstleistenden mit dem Finger, die nur darauf warteten, daß sie ihre Wünsche würden erfüllen dürfen. »Wodka!« rief sie mit einem frenetischen Gesichtsausdruck. Acht Zivildienstleistende liefen sofort in den Versorgungstrakt, um das gewünschte Getränk zu holen, während zwei weitere, die große Palmenwedel in den Händen hielten, unbewegt neben der kostspieligen Renaissance-Sitzgruppe stehengeblieben waren, um den Rentnerinnen kühlende Luft zuzufächeln.

Doch wieder konnte Ottilie Lindner ihre neidische Ader nicht beherrschen. »Du wohnst nicht schlecht«, sagte sie mit einem scheinheiligen Lächeln und schnippte die Asche ihrer Havanna, die Rosi ihr angeboten gehabt hatte, auf den mit 1,2 Millionen versicherten Perserteppich aus der Mogulzeit, der sich unter ihren Füßen ausbreitete. »Aber dieses Geschmiere dort ist mir einfach zu modern.« Mit diesen

Worten deutete sie verächtlich auf ein paar Gemälde von Picasso und anderen weltbekannten Malern, die an der Wand hingen. Doch ehe Rosi etwas entgegnen konnte, waren die Zivildienstleistenden mit dem Wodka sowie mehreren Dutzend Kaviarbrötchen zurückgekommen. »Gießt mir ein bißchen Wodka in den Tropf«, bat Rosi Wagenbrecht mit scheinbarer Fröhlichkeit, da sie einen Anflug wehmütiger Traurigkeit nicht gänzlich unterdrücken konnte. »Was nützt einem das viele Geld, wenn es unnütz ist, weil man nicht im Luxus schwelgen darf?!«
Wieder konnte Hedwig als eine aufmerksame Beobachterin bemerken, daß Ottilie sich eines neidischen Gefühls nicht erwehren konnte. Dabei hatte Ottilie Lindner doch selber mehr als genug, dachte Hedwig, während sie eine Welle der Empörung überrollte. Trotz ihrer jährlichen Einkünfte aus Vermietung und Verpachtung, die sich auf 820 000 D-Mark beliefen, und den Zinsen ihrer auf 2,5 Millionen geschätzten Sparguthaben lebte Ottilie Lindner auch noch auf Kosten der Rentenkasse, aus der sie Monat für Monat 780 D-Mark abzweigte.
Für Kokain, wie man munkelte!
Manch junger Mensch würde sich vermutlich wünschen, so viel Geld für Kokain ausgeben zu können, überlegte Hedwig Brockmann empört. Auch sie selbst, die nun gewiß nicht mehr in voller Jugendblüte stand, war den leiblichen Genüssen nicht immer abhold. Doch trotzdem – ein so überzogenes Anspruchsdenken wie Ottilie war einfach nicht ihre Sache. Sie, Hedwig, die Immobilien im Wert von drei

Millionen D-Mark besaß, mußte dem Staat nicht auf der Tasche liegen. Als Hedwig Brockmann ihre Überlegung beendet hatte, versuchte sie krampfhaft, ihre Fassung wiederzuerlangen. Danach sagte sie mit gespielter Heiterkeit: »Wißt ihr was, wir sollten mal wieder so richtig einen drauf machen!«

»Gern«, sagte Ottilie mit vorgetäuschter Harmlosigkeit, »bestellen wir uns das MDR-Fernsehballett ins Haus!«

»Ich weiß nicht recht«, zögerte Rosi Wagenbrecht. »So viel Aufregung vertrage ich nicht mehr. Wollen wir nicht lieber in mein Ankleidezimmer gehen und Hüte aufprobieren?«

Doch was Rosi Wagenbrecht nicht wußte, war, daß Ottilie Lindner infolge ihres neidischen Wesens so hinterhältig gewesen war, das MDR-Fernsehballett bereits bestellt gehabt zu haben! Mit einem Satz sprang es in die Wohnung und begann zu tanzen. Hedwig Brockmann und Rosi Wagenbrecht schüttelten bedauernd den Kopf, weil die Kaviarbrötchen zermatscht wurden und der Wodka aus den Goldpokalen schwappte, die von unschätzbarem Wert waren, weil sie aus den verschiedenen historischen Epochen stammten.

Doch noch ehe jemand die Gelegenheit erhalten hatte, etwas zu sagen, verstellte einer der Zivildienstleistenden dem MDR-Fernsehballett den Weg. »Ich möchte Sie bitten, das Tanzen sofort zu unterlassen«, sagte er höflich. Dann wandte er sich mit einem Ruck zu Rosi Wagenbrecht und sagte mit einem leidenschaftlichen Gesichtsausdruck, während seine Augen unverwandt auf ihr Gesicht gerichtet waren:

Fortsetzung in der nächsten Woche

SENSATIONELLES SCHNÄPPCHEN

der Allianz-Versicherung zur Altersvorsorge:

Wer vom 10. Lebensjahr an monatlich 100 Mark einzahlt, erhält vom 120. Lebensjahr an

monatlich 30 000 Mark Rente.

JÜRGEN HART

Das konsumistische Manifest

Eines der heikelsten Probleme der Gegenwart stellt das komplizierte Beziehungsgeflecht zwischen Rentner und Werbung dar, wobei man anmerken muß, daß der moderne Rentner an und für sich keine Probleme mit der Werbung hat. Probleme hat nur die moderne Werbung mit dem Rentner. Da tobt ein immerwährender Generationskonflikt.

Werbeagenturen werden ja in der Regel von fünfunddreißigjährigen Schnöseln betrieben, die ihre vornehmste Aufgabe darin sehen, Werbebotschaften zu erfinden, Trends zu setten oder zu outen, was gerade in oder um ist. Rentner sind aber weder out noch in, sie sind immerwährend, geradlinig und unverrückbar. Und Botschaften hören Sie ohnehin schlecht. Wer ein ganzes Leben lang die Wäsche mit *Perdul* gewaschen hat, sieht einfach keinen vernünftigen Grund, im hohen Alter auf *Permol* umzusteigen, nur weil dafür ein neuer Weißfaktor entwickelt worden ist, der noch porentiefer und streßfreier die Schmusefaser verwöhnt. Für den Rentner gilt die Botschaft: Einmal Perdul – immer Perdul! Und die muß nicht mehr verkündet werden, die ist längst im Hirn festbetoniert.

Neue Produkte haben es bei Senioren deshalb besonders schwer. Wenn einer pubertierenden Zielgruppe

noch mühelos eingeredet werden kann, daß man früh, mittags, abends und zwischendurch Twippers, Floppers, Blubbers oder Snukkers essen müsse – außen herzhaft weich und innen fruchtig zäh –, dann scheitert man an der älteren Generation schon rein zähnemäßig. Über diese Brücke geht kein Rentner. Gebißkleber sind, wenn auch noch so raffiniert angepriesen, nun mal für ihn eine Plage und kein Genußmittel!
Wenn die werbetreibende Wirtschaft ihre Hauptzielgruppe in den Vierzehn- bis Neunundvierzigjährigen entdeckt hat und nur noch dafür Werbestrategien entwickelt, so ist das weiter nichts als die zur Ideologie geronnene Kapitulationserklärung vor Urteilsfähigkeit und Lebenserfahrung der älteren Generation.
Andererseits ist der Rentner durchaus an modischen Trends interessiert. Er interessiert sich sogar für die Mode als solche. Und hat er endlich mitbekommen, was gerade aktuell ist, dann freut er sich. Fein, denkt er, wieder mal was, das ich nicht mitmachen muß!
Interessiert steht der Alterskonsument auch technischen Dingen gegenüber, ja, er schreckt nicht vor direkten Begegnungen mit Handys, Digitalkameras, Videorecordern oder Computern zurück. Er kauft dieselben sogar, ohne Hoffnung, sie je benutzen zu können! Die meisten dieser Utensilien erfüllen seiner Meinung nach nicht die an sie gestellten hohen technischen Anforderungen. Der Rentner verlangt nämlich unerbittlich, daß alle Geräte über einen einzigen Bedienungsknopf zu steuern wären oder wenigstens mit einer verständlichen Betriebsanleitung ausgestattet sein müßten!

Auf so eine erpresserische Forderung kann sich heutzutage natürlich kein Produzent einlassen. Das verstieße gegen die Unabhängigkeit der Märkte und die Freiheit des Handels. Man weiß ja, wohin das geht, wenn die Industrie nicht mehr frei und unabhängig produzieren kann, nämlich unweigerlich zu reglementierter Planwirtschaft, in der es weder Knöpfe noch Betriebsanleitungen noch Produkte gibt. Und das will der Rentner natürlich auch nicht. Also kauft er den technischen Schnickschnack und läßt ihn dann so lange rumstehen, bis das Enkelchen kommt und technische Nothilfe leistet. Wer kein Enkelchen hat, sollte einen möglichst großen Bogen um Medienmärkte machen.

Der Rentner ist werbemäßig eigentlich nur zuverlässig über den klassischen Weg des Preis-Leistungs-Angebotes aus seinem Schlummerstühlchen zu locken. Wenn eine Sache gut und dazu noch billig erscheint, spricht sich das bei Rentnern mit einer Geschwindigkeit herum, von der SMS-Funker, eMail-Versender und Web-Site-Betreiber nur träumen können.

Der Rentner unterscheidet zum Beispiel bei Textilien die *Für-gut-Kleidung* und *die Zu-Hause-rum-Klamotten*. Bei *Zu-Hause-rum-Klamotten* liegt die werbewirksame Preisschwelle bei 29 Mark 80. Alles, was darüber liegt, geht nicht, selbst wenn man es als *Schnäppchen*, *Aktion* oder *Super* bezeichnet. Alles, was darunter liegt, wird dagegen erbarmungslos gekauft, unabhängig davon, ob es nun paßt, hält oder aussieht. In gewisser Weise sehen deshalb die Rentner immer gleich aus, aber das merkt man in der Öf-

fentlichkeit kaum, denn *Zu-Hause-rum-Klamotten* trägt man ja nur zu Hause rum.
Bei der *Für-gut-Kleidung* ist das freilich anders. Hier läßt der Rentner sich nicht lumpen, da greift er zum Ersparten und wirft seine geballte Finanzkraft furchtlos auf den Weltmarkt. Leider wird auch das in der Öffentlichkeit kaum bemerkt, denn der Rentner hängt ja meist zu Hause rum und hat die *Für-gut-Kleidung* eigentlich nur für den Katastrophenfall im Schrank zu hängen.
Obwohl der Rentner zugegebenermaßen für die Werbewirtschaft ein zweischneidiges Schwert mit sieben Siegeln darstellt, gibt es doch auch Bereiche, die ohne seine Existenz nicht denkbar wären. Wenn es keine Senioren gäbe, würden wir doch nie in den Genuß kommen, im Familienfernsehen zur schönsten Abendbrotzeit genüßlich bebilderte Inkontinenzprodukte vorgeführt zu bekommen. Auch die Tips zum Umgang mit Fettleibigkeit, Gebißreinigern und Toilettenverkalkung würden ohne die Zielgruppe der gesundheitsbewußten Frührentner nie zu uns in die Wohnzimmer sickern.
Und geben wir es ehrlich zu: Die werbeorientierte und kaffeefahrtherstellende Industrie wäre aufgeschmissen, samt ihren Rheumalamadecken und hausschlachtenen Obstweinverkostungen, wenn es nicht den alten Menschen gäbe. Eine Senioreneintagesreise Rostock-Tirol und zurück mit obligatorischem Busunfall in Österreich hält nämlich auf Dauer nur unser kampferprobter und lebenserfahrener deutscher Rentner aus!

Der Pastor läßt sich seine Heimatzeitung in den Urlaub nachschicken und entdeckt darin seine eigene Todesanzeige. Ein böser Scherz! Er ruft, um die Dinge unverzüglich klarzustellen, seinen Vorgesetzten an.
»Herr Bischof«, sagt er, »haben Sie in der Zeitung meine Todesanzeige gelesen?«
»Natürlich.«
»Sie haben den Blödsinn doch hoffentlich nicht geglaubt!!!«
Der Bischof: »Natürlich nicht. Aber sagen Sie, von wo rufen Sie an?«

RUDI STRAHL

Ein piekfeiner Job

Ehrlich, Leute: Wer bis zur Rente drei Umstürze erlebt hat, traut keinem Staat und keiner Sparkasse mehr, vom Euro ganz zu schweigen. Schon deshalb hole ich meine monatlichen Piepen immer gleich am Zahltag frühmorgens ab. Auch trifft man dabei meist etliche Kumpel, freut sich, daß sie noch leben, und geht hinterher mit ihnen ein Bier trinken, ist einfach sicherer, weil bei der Sparkasse oft verdächtig schräge Typen herumlungern. Tapert ein Oldie doch mal allein nach Hause, fragen sie ihn heimtückisch: »Opa, haste mal 'ne Mark?« Um ihn beim widerstrebenden Griff zum Portemonnaie vielleicht hinter ein Gebüsch zu zerren und auszunehmen wie 'ne Weihnachtsgans!

Mich allerdings sprach neulich beim Verlassen der Sparkasse ein besserer Herr an, der sich als Dr. Gutknecht vorstellte. Er fragte mich, ob ich gern gut esse und trinke und gelegentlichen Reisen in schöne Gegenden nicht abgeneigt sei.

Anfangs dachte ich, der hält mich für einen pensionierten Beamten, die kriegen ja am selben Tag wie unsereiner ihren Zaster und wollen damit rasch nach Gran Canaria, wo sie ab September überwintern.

Dennoch bejahte ich unwillkürlich die Fragen, worauf Gutknecht sich erkundigte, ob mich vielleicht ein

kleiner, einträglicher Nebenjob interessiere. Allemal, sagte ich; ich wäre ja noch ganz rüstig...
Das stimmte ihn sichtlich froh. Er sei nämlich, im Vertrauen gesagt, Personalchef des Landwirtschaftsmi-

nisteriums und suche für seinen Minister quasi einen gelegentlichen Stellvertreter. Jäh schwand meine Begeisterung, weil ich in den vergangenen Jahren schon öfter durch überraschende Offerten reingelegt worden bin. Möglicherweise suchte der Kerl bloß Teilnehmer für eine Kaffeefahrt, ich aber besitze schon drei Rheumadecken! Oder er war ein Lockvogel der Versteckten Kamera, der ausnahmsweise mal keinen Promi, sondern den kleinen Mann von der Straße durch den Kakao ziehen wollte.
»Verpiß dich, Mensch«, knurrte ich, denn bestimmt hätte meine Elsi mich nachher schrecklich ausgelacht und gefragt, ob ich wirklich schon so senil sei, auf solchen Blödsinn reinzufallen.
Als ich dem angeblichen Dr. Gutknecht das sagte, bestritt er gekränkt den Verdacht. Nein, behauptete er, sein Angebot sei absolut ernst gemeint und Resultat eines Brainstormings aller Ressortleiter. Der Grund: Zwar wäre ihr Minister schon recht betagt, wolle jedoch im Hinblick auf seine künftigen Ruhestandsbezüge noch mindestens bis zur nächsten Wahl regie-

ren, wegen eines Magenleidens jedoch nur noch vom Schreibtisch aus.
Aber gerade ein Landwirtschaftsminister werde von unzähligen Einladungen geplagt, etwa zur Eröffnung einer Melkerschule im Allgäu, eines neuen Klärwerks in der Lausitz, einer Windkraftanlage auf Helgoland, einem Winzerfest am Rhein – überall höchstens für ein Viertelstündchen, aber mit anschließendem Festessen, dem sein strapazierter Magen immer häufiger den Dienst verweigere. Das irritiere die Leute vom Lande oftmals ebenso wie sein Bedürfnis nach einem Nickerchen zwischen Vorspeise, Hauptgericht und Nachtisch. Infolgedessen habe er nicht selten Schwierigkeiten mit den abschließenden Dankesworten an die Gastgeber, denn er verwechsle dabei leicht die Melkerschule im Allgäu mit dem Winzerfest auf Helgoland. Aber, wer als Politiker nun mal gern frei spräche ...
Das könne ich sowieso nicht, sagte ich hastig, worauf Dr. Gutknecht erklärte: Wenn ich nicht ähnlich schwerhörig sei wie sein Minister, brauche ich das auch gar nicht, weil der zuständige Referent für auswärtige Festlichkeiten immer an meiner Seite bleiben und mir alles Nötige diskret soufflieren werde, was aber gewiß nicht auffiele, weil zwei Herren vom Personenschutz, einen Kopf größer als der Referent und ich, uns sowieso stets unauffällig abschirmen würden.
Mein Gehör ist noch ganz in Ordnung, sagte ich. Aber was, wenn im Allgäu oder auf Helgoland plötzlich jemand mitkriegte, daß ich gar nicht der Minister bin?

Gute Frau, auch wenn sie bereits eine Versicherung ihres Haushalts haben, – ich biete ihnen äußerst günstig eine Gehalt-, eine Erhalt- und eine Behaltversicherung zum Lächeltarif.

Das sei nahezu ausgeschlossen, denn der Minister reise grundsätzlich nur ein einziges Mal in den einen oder anderen Ort, die eine oder andere Gegend. Zudem: Wer draußen im Lande kenne ihn denn schon von Angesicht? Ja, wenn er das Verteidigungsressort oder das Außenamt leiten würde und täglich in der Tagesschau zu sehen wäre ... Aber glücklicherweise erfreue sich ein Landwirtschaftsminister weit geringerer öffentlicher Beachtung, eigentlich gar keiner, um genau zu sein. Ob ich selber beispielsweise wüßte, wie sein Chef aussehe oder wenigstens seinen Namen kenne?
Leider nein, murmelte ich. Worauf Dr. Gutknecht triumphierend ausrief, was ich als Hauptstädter dann eigentlich von den Leute aus der Lausitz erwarte?
Eingelegte Gurken, sagte ich unwillkürlich, womit ich Dr. Gutknecht gleich noch von meiner zureichenden landwirtschaftlichen Sachkenntnis überzeugte. Passiere dennoch mal ein Panne, solle ich einfach ein paar launige Worte übers Wetter reden, das könne doch jeder Idiot. Und beim Festessen dann: reinhauen, daß die Schwarte kracht! Ich ahnte ja gar nicht, was unser Vaterland an Lukullischem zu bieten hätte, selbst der karge Hunsrück erweise sich beim Besuch eines Ministers als lukullisches Paradies.
Da ich für mein Leben gern esse, schmolz bei dieser Aussicht mein Widerstand wie Butter an der Sonne, zumal es zu Hause mittags Kohlrüben geben sollte. Was Wunder, daß mir der Gedanke an Aal grün auf Helgoland oder Allgäuer Käse das Wasser im Munde zusammenlaufen ließ.

»Unsere Reisen«, sagte Dr. Gutknecht lächelnd, »bezahlt Vater Staat oder die einladende Kommune«, was er ebenso vertraulich zu behandeln bitte wie unsere ganze bevorstehende Abmachung.

»Und Elsi?« fragte ich in plötzlicher Beschämung, weil ich inzwischen kaum an sie gedacht hatte. Doch begriff Dr. Gutknecht sofort meinen Einwand und sagte betreten, daß die Mitnahme der werten Gattin höchstens dem Bundespräsidenten und dem Kanzler zugebilligt werde, nicht aber einem verwitweten Agrarminister.

Dann könne ich leider auf das ehrenvolle Angebot nicht eingehen, murmelte ich betrübt, denn inzwischen hatte ich mich beinahe schon an den Gedanken gewöhnt. Welcher rüstige Rentner übernähme nicht gern eine Aufgabe, der er sich nach dem ersten Schreck durchaus gewachsen fühlte? Einen guten dunklen Anzug hätte ich noch von unserer Silberhochzeit und könnte damit im Ländlichen jederzeit

Staat machen. Aber als früherer Hochspannungsmonteur war ich schon ein halbes Leben ohne Elsi unterwegs: bis rauf nach Mecklenburg und runter in den Sudan, von der Trasse in Sibirien ganz abgesehen. Nein, das sollte jetzt ein Ende haben. Nirgend wohin mehr ohne Elsi, und ginge es bloß in die Sächsische Schweiz!

Nach kurzem Überlegen fragte Dr. Gutknecht unvermittelt: »War Ihre verehrte Frau Gemahlin nicht Krankenschwester?!«

»Eigentlich ist sie das immer noch – mit neunundfünfzig«, sagte ich, »und nur, weil im Krankenhaus sechzig Betten abgebaut wurden, hat's auch sie erwischt. Aber woher wissen Sie?«

Dergleichen, murmelte er, gehöre zu den Obliegenheiten eines Personalchefs, ich sei vor der Kontaktaufnahme gecheckt worden, natürlich strikt nach Recht und Gesetz. Aber was nun Elsi und meine Bedingung betreffe: Ein Minister – beziehungsweise sein gelegentlicher Stellvertreter – hätte in einem gewissen Alter und bei angegriffener Gesundheit Anspruch auf eine mitreisende Krankenschwester, auf deren Anwesenheit er, also ich, sogar beim jeweiligen Festessen bestehen könne!

»Da wird sie aber Augen machen!« sagte ich und hoffte, daß ich sie rumkriegen könnte; sie ist in solchen Sachen sehr eigen, liebt aber gleichfalls schöne Gegenden und ißt auch gern mal was Feines.

»Ach ja, was ich noch fragen wollte: Kann sie mit Stäbchen essen?« erkundigte sich Dr. Gutknecht. »Und können Sie das? Oder doch ehestens lernen?«

»Wieso?« fragte ich irritiert zurück.
»Weil gleich die erste Reise nach China geht«, sagte er, »in die Provinz Kanton. Ist das nicht schön? Ist das nicht wunderschön?«
»Und wenn dort jemand mitkriegt, daß ich gar nicht der Minister bin?«
»Wie denn?« fragte Dr. Gutknecht. Für Chinesen sähen wir Europäer ohnehin alle gleich aus; unlängst habe man dort den deutschen Außenminister für den

Schirmträger desselben gehalten und sich dafür in einer diplomatischen Note entschuldigt, was ich aber als vertraulich behandeln möge. Zudem ...«
»Ja?« fragte ich, da er kurz stockte.
»Wir haben Hinweise, daß Ihr chinesischer, hm, Kollege ebenfalls ein Double ist! Sogar ein berühmter Staatsschauspieler, der die amerikanische Außenministerin unlängst über Nacht zu wesentlich chinafreundlicherer Haltung verführt hat. Dergleichen wird von Ihnen natürlich nicht erwartet. An den Stäbchen allerdings sollten wir festhalten!«
Ihm wie mir war entgangen, daß sich uns mehrere schräge Typen bedrohlich näherten, fast gleichzeitig aber tauchten von der anderen Seite zwei hünenhafte Gestalten auf – in »federnder Bereitschaft«, wie ein zeitgenössischer Dichter sie vor Jahren beschrieben hatte. Sie postierten sich, altmodische Taschenschir-

me an den Handgelenken, zwischen dem erwähnten Gebüsch und uns beiden.
»Ach ja, das wären dann Ihre Personenschützer«, raunte Gutknecht mir zu, »vorausgesetzt, wir einigen uns.«
Als ich ungewiß nickte, weil ich wenigstens meine Rente heil nach Hause bringen wollte, übergab er mir ein Kuvert mit der Aufschrift »Reisespesen und Tagegelder«. Ich vermutete, schon in chinesischer Währung; denn die schrägen Typen verzogen sich, und die beiden Hünen verschwanden so unauffällig, wie sie aufgetaucht waren. Dr. Gutknecht gab mir noch seine Visitenkarte und bat mich herzlich, ihn nach Rücksprache mit Elsi anzurufen und ihm ihr Einverständnis mitzuteilen. Bereits die nächste Reise solle übrigens an den Tegernsee führen, wo wir die Stäbchen getrost vergessen könnten. Dann verschwand auch er, als fürchte er, ich könnte noch anderen Sinnes werden.
Aber bestimmt wäre sogar das Honorar steuerfrei und von der Solidaritätsabgabe befreit. Oder daß sich Dr. Gutknecht bereitfinden könnte, uns statt in D-Mark in Dollars zu entlohnen. Wenn Elsi nur nicht immer so mißtrauisch wäre gegen alles, wobei die Obrigkeit ihr Hände im Spiel hatte! Ob ich vielleicht doch ein letztes Mal allein in die Welt reisen sollte? Nein, das nicht. Zur Not kämen wir ja auch künftig mit unseren paar Piepen über die Runden, nur eben nie nach China oder ins Allgäu!
Gedankenverloren strebte ich der Kneipe zu, wo noch ein paar alte Kumpels beim Bier saßen, das mein al-

ter Freund Kalle sich wie üblich anwärmen ließ. Er hatte mich mit Gutknecht an der Sparkassenecke stehen sehen und wollte natürlich wissen, wer das war – mit Schlips und Kragen und den zwei Bullen, die Kalle sogar erkannt zu haben behauptete, von früher, als sie mit den gleichen Taschenschirmen und in federnder Bereitschaft zugange waren.

Wegen der erbetenen Vertraulichkeit sagte ich, mein Gesprächspartner wäre eine Art Unternehmensberater für Rentner. Dabei kam mir die Idee, daß vielleicht nicht nur magenkranke Landwirtschaftsminister zuverlässige Doppelgänger gebrauchen könnten, sondern auch geplagte Manager, Filmproduzenten, Kommunalpolitiker und andere Leute, denen öffentliche Auftritte längst ein Greuel geworden waren.

»Hört mal, Jungs«, sagte ich, »wer von euch ist einigermaßen gesellig, würde gern mal was Gutes essen und trinken und in schöne Gegenden reisen?«

Kurz, schon beim dritten Bier gründeten wir eine Gesellschaft mit beschränkter Haftung, nahmen trotz Abwesenheit unsere lieben Frauen auf in den Verein und wählten Kalle Kroll zum Vorsitzenden eines Unternehmens, das vielleicht bald bundesweit Schule machen und für die Rentenreform Zeichen setzen wird.

Ob damit allerdings der Euro zu retten sein wird, bleibt fraglich; denn mir kommt es verdammt so vor, als wäre auch der Präsident der Europäischen Zentralbank bloß ein Double, alt und grau und keine Ahnung von Tuten und Blasen.

4. KAPITEL

Hauptsache, gesund

Mit der Vergeßlichkeit ist es so eine Sache. Eines Tages, mein Lieber, begegnet dir ein guter Freund, dessen Name dir plötzlich einfach nicht einfallen will. Zum Glück für euch beide merkt aber keiner was. Dann begegnest du einem Freund, dessen Name dir nicht einfällt, und nur ihr beide merkt was. Nun ist der Tag nicht mehr fern, an dem ihr euch begegnet, keinem von euch beiden aber fällt der Name ein, und nur die andern merken was!
Also, immer dran denken:
Jeder kommt mal in das Alter, in dem er schleunigst von seinen Jugendsünden erzählen sollte, bevor er sie endgültig vergißt.

LOTHAR KUSCHE

Ein Freund in der Not

Ein Freund in schlimmer Not für jeden geordneten Haushalt ist die sogenannte Hausapotheke, die in übersichtlicher Weise jene Mittel griffbereit hält, mit denen man bis zum Herannahen des Arztes fast alle Leiden, Schnupfen ausgenommen, heilen oder doch zumindest lindern kann.

Auch wir haben natürlich eine solche Hausapotheke. Sie enthält merkwürdigerweise mehr Ohrenklappen, als in unserer Familie Ohren vorhanden sind, ferner diverse Gläschen mit Tabletten, die niemand einzunehmen wagt, weil die Etiketts verlorengegangen sind, die aber auch niemand fortzuwerfen imstande ist – ich weiß nicht, warum.

Unsere Hausapotheke beherbergt weiter drei Heftpflaster-Schachteln, in denen sich kein einziger Millimeter Heftpflaster mehr befindet, außerdem eine total versteinerte Tube vorzeitlichen Zahnkrems sowie eine Salbe mit Namen »Frivolniterrecepticid«, von der selbst geübte Alchimisten (von Apothekern möchte ich in diesem Zusammenhang nicht reden) nicht sagen können, wie und bei welchen Beschwerden man sie anwendet. Außerdem verfügen wir über zwei Fläschchen mit mindestens fünfzehn Jahre altem Hustensaft, der wahrscheinlich nur noch gegen

Husten genommen werden kann, der ebenfalls mindestens fünfzehn Jahre alt ist. Wir haben auch eine Mullbinde, die häufig durch die Waschmaschine gewandert ist und daher nicht mehr wie eine Mullbinde aussieht, sondern wie ein Strick.
Des weiteren sind gewisse Gegenstände in unserer Hausapotheke angesiedelt, die eigentlich anderswohin gehören, die aber niemand anderswo hinlegt, nämlich zwei Porzellansicherungen, ein Nußknacker mit lockerer Schraube, eine verbogene Pinzette und ein Ding, mit dem man Skier einwachsen soll, was aber noch keiner von uns versucht hat. Wir haben ja gar keine Skier!
Natürlich enthält der Kasten auch einen vergammelten Karton mit einem Rest von Dübelmasse, denn ohne Dübelmasse ist eine moderne Hausapotheke geradezu undenkbar. Kopfschmerztabletten oder ähnliche Präparate wird man in unserer Hausapotheke vergeblich suchen, denn wir als naturbewußte Menschen sind der Meinung, daß man sich das Tablettenschlucken gar nicht erst angewöhnen soll, deshalb haben wir schon aus biologisch-dialektischem Prinzip gar keine Kopfschmerzen. Falls aber einem trotz alledem mal der Schädel brummt, so bekämpft er das mit einigen Azetophen-Pillen.
Und die bewahren wir im Nähkasten auf.

Der Lehrer fragt: »Kinder, wer kann mir ein Beispiel dafür nennen, daß ältere Ehepaare immer harmonischer zusammenleben?«
»Meine Großeltern!« ruft Elisabeth. »Mein Opa schnarcht, und meine Oma hört es nicht.«

»Es ist ja sonst nichts los in diesem Nest.«

JOHANNES CONRAD

Es lohnt sich nicht zu sterben!

Nur die Sterne sind für ewig an den Himmel genagelt, meine Lieben, oder wenigstens für ganz schön lange, wir Menschen müssen sterben! Dabei lohnt sich das gar nicht, glaube ich, es lohnt sich nicht zu steherben, Frau Pillakowsky! Der Tod, der alte Kracher oder, um es mal vornehm auszudrücken, diese lästrygonische Puffmutter, das Schwein, ist eine Unverschämtheit! Dagegen muß man sich mit kräftigem Lebendigsein wehren, jawohl! Vielleicht sollten wir die Sache aber trotzdem nicht übertreiben und nicht immer nur auf die Juchheidipauke hauen und Schuhplattler tanzen und den Arsch auf Mallorca in die Sonne knallen, sondern auch mal ein bißchen nachdenken über uns, also sozusagen in uns gehen, was? Auch wenn dann nichts drin ist in uns, oder die Sache zu nichts führt, denn was führt schon zu was? Und nur, weil er denkt, daß er kein großer Denker ist, ist der Mensch noch lange kein großer Denker, das muß er nicht denken! Er kommt aber eben dabei leider manchmal drauf, daß man am besten nur noch auf die Juchheidipauke hauen sollte und Schuhplattler tanzen und den Arsch auf Mallorca in die Sonne knallen! So eine Idiotenwelt streben viele Unglückliche an! Um dann noch unglücklicher zu werden, na, bitte!

Darum bin ich auch so verdammt froh, daß ich einst den Beruf des Schauspielers erlernt habe, das will ich Ihnen mal sagen, meine Damen und auch Frau Safranski, da verblödet man wenigstens nicht allzu schnell und bleibt geistig ein wenig rege! Vor allem jetzt im Alter bin ich da froh, aber nicht etwa, weil ich noch den FAUST spielen möchte – der FAUST kann mir mal den Buckel runterrutschen! – sondern wegen der Treppe in unserem Hause bin ich froh, weil ich da, infolge meiner schauspielerischen Ausbildung von der Pieke auf, in der Lage bin, diese Treppe auch heute noch mit den schwersten Einkaufstaschen wie ein junger Affe emporzuspringen und dazu noch den Sportpalastwalzer zu pfeifen oder das schöne Lied »Es zog ein Rotgardist hinaus«, vor allem, wenn Leute auftauchen, Nachbarn und so, schöne Frauen beispielsweise oder zynische, das Alter verachtende Jünglinge! Ohne Schauspielerei würde ich dabei eingehen! Meine Nachbarin, die Frau Priwitzke, Lea, ist deswegen schon ganz weg von mir und errötet bei Begegnungen, das gibt mir Mumm und Halleluja, vor allem bei jemandem, der so schön und sinnlich Lea mit Vornamen heißt, so muß man sich als Rentner und Pfeifenkopf hochhalten, da lohnt sich der erlernte Beruf auch noch im Alter!
Warum sollte ich dann noch als Titelbild zur Filmzeitung wollen oder gar das langweilige Mallorca aufsuchen, frage ich mich und Sie? Außerhalb meiner Dankarbeit putze ich lieber Fenster, koche Bohnensuppe oder heule mir nachts vorm Einschlafen im Bett was vor. Noch lieber fahre ich allerdings an den

Kiessee nach Schildow hinaus zum Schwimmsport. Mit dem Fahrrad wie Rudolf Scharping, unser Bundesverteidigungsminister, ein schöner Mensch! Wenn ich mir freilich vorstelle, wie oft der Unselige bis zur Rente noch vom Rad oder einem anderen Fahrzeug fallen wird, möchte ich gleich nicht mehr von ihm bundesverteidigt werden. Hat er noch nie was vom Anschnallen gehört, der Unselige? Aber schön sein! Das erinnert mich an Kaiser Wilhelm II., der auch immer schön sein wollte. Und dazu wollte er auch noch fortwährend schönes Wetter: Sonne, Sonne, Sonne – wie eine Bratkartoffel! – weshalb das schöne Wetter nach ihm sogar »Kaiserwetter« genannt wurde: Kaiser Wilhelm, die deutsche Bratkartoffel, ja ja! Aber dann ist ihm wohl die ewige Sonne aufs Gehirn geschlagen – wie so manchem Mallorcaurlauber! –, denn plötzlich wollte der alte Knochen auch noch eine starke deutsche Flotte! Das Ende kennen wir! Dies nur als Warnung für alle, die es mit dem Alter und der Sonne und dem Fahrrad und Mallorca übertreiben oder gar eine starke deutsche Flotte haben wollen!
Eine starke deutsche Flotte will ich schon mal überhaupt nicht haben, ich will nicht mal eine schwache deutsche Flotte, ich will überhaupt keine militärischen Überraschungseier, ich habe meine Flotten weg! Wer sollte hier bei uns im Osten auch schon noch Erschütterndes einmarschieren? Die Russen kennen wir, die Franzosen waren vor 200 Jahren da, die Schweden noch früher, die Amerikaner hätten wir gern schon '45 gehabt, die Gruppe Ulbricht steckt uns noch heute in den Knochen, das Nazigesocks putzt

sich die Schnürstiefel schon ewig hier in Brandenburg, aber auch anderswo (haut ihnen aufs Haupt!), und wenns die Chinesen wären, die einmarschierten, ich habe schon immer gern chinesisch gegessen – nur die Hunde und die Katzen müßten aufpassen! Aber irgendwer muß ja immer aufpassen!
Nein, ich will keine starke deutsche Flotte, höchstens mal mit der Luftmatratze übern Kiessee schwimmen will ich. Wie gesagt – laßt mich übern Kiessee schwimmen, Hunde! – ich bin vom Dorf, obwohl ich mir erst gestern 5 Paar neue Socken gekauft habe, etwas Großstädtisches, Raffiniertes sogar – ich liebe neue Socken! Und vorhin habe ich mir sogar, um endlich mal einen größeren Zug in mein Leben zu bringen, Klaras große Flasche Florena-Kölnisch-Wasser, ein Weihnachtsgeschenk noch von Tante Trude, fast schon antik wie alter Wein, über den Kopf gegossen. Die ganze Flasche! Das hat vielleicht gebrannt! Mein Gott, geriet ich da in eine Gemütsverfassung! Es war wie auf der großen Achterbahn und spannender als eine Geiselnahme,

wenn auch nicht im Fernsehen. In so einer Gemütsverfassung mußte Joseph Beuys seine berühmte Installation »Tisch mit Aggregat« angefertigt haben. Man sollte die leere Kölnisch-Wasser-Flasche dazustellen! Die ehemaligen 68er und unsere ehemaligen leidgeprüften Bürgerrechtler hätten so eine Dusche vielleicht auch mal nötig, was?
Ich jedenfalls bekam bessere Laune davon und habe nicht mehr beleidigt geguckt, denn nicht mal als Altersrentner muß der Mensch vor Blödheit strotzen, auch nicht, wenn er gelernter Schauspieler ist, ein Furz zwar, aber Inhaber eines einst beim Pressefest im Friedrichshain erworbenen Schießabzeichens in Bronze, da darf er einfach nicht zum Töffel werden, sondern appetitlich bleiben muß er wie auf den Werbeplakaten für Knoblauchprodukte und sich zusammenreißen in der Brandung der Tage! Zwar sehen in einigen Hollywoodfilmen die jungen amerikanischen Schauspieler – wenn sie im Verlauf der Filmhandlung auch mal alt werden müssen und dazu zu alten amerikanischen Schauspielern umgeschminkt werden, als alte Menschen dann plötzlich wie jemand Übriggebliebenes aus dem Nordamerikanischen Unabhängigkeitskrieg 1775 bis 1783 aus oder wie Leute, die noch mit der Mayflower herübergekommen sind, mit Gesichtsfalten wie Wellblech und mit Köpfen, die mittelalterlichen Wasserspeiern aus Ziegenkäse ähneln, aber davon muß man sich nicht bange machen lassen als Altersrentner, so alt sieht man nämlich nie aus im Alter, es ist nur die Kunst der hollywoodschen Maskenbildner!

Als Zuschauer mit Abitur befällt mich bei solchen Anblicken trotzdem manchmal das unheimliche Gefühl, daß es eigentlich nicht viel Sinn macht, alt zu werden, sondern daß es einfach nur schauderhaft ist! Aber warum habe ich das Abitur gemacht, ich Rindvieh, und glücklicherweise gibt's ja da auch noch die echten alten amerikanischen Schauspieler und zwar nicht nur im Film, sondern auch im Leben draußen, wo sie beispielsweise als alte amerikanische Schauspielerinnen manchmal schön sind wie kalifornische Weihnachtsbäume und als alte amerikanische Schauspieler aussehen wie junge amerikanische Schauspieler, die alte amerikanische Schauspieler spielen. Amerika hats gut mit seinen Alten, das kann man schon sagen! Ich bin leider nicht Amerika, ich habs schwer mit mir!
Wir Deutschen können zwar wunderbare Eisbeine mit Sauerkohl aufweisen, aber die Alten arten bei uns immer gleich zu Hindenburg oder Lettow-Vorbeck mit dem Südwester aus oder, wenn's hochkommt, zu Stefan George, obwohl wir sicher auch mehrere hervorragende Alte haben, das will ich aber meinen! Mich will ich da gar nicht anführen, ich verschweige mich taktvoll, auch wenn ich mittlerweile in dem Alter bin, welches mein Vater nie erreicht hat. Bald werde ich so alt sein, daß ich der Vater meines Vaters sein könnte, mein eigener Großvater, was uns wieder mal die Wunder des Lebens offenbart, doch leider fehlt's mir an Charisma. Da haben es die Österreicher leichter, sie nennen sich als Rentner Pensionisten oder Pensionistinnen, was Tradition und Pep verrät, fast schon Wie-

nerischen Scharm, es läßt uns an Marillenknödel und Kaiser Franz Joseph I. denken, woran soll man bei »Rentner« denken?

Mir fällt aber soeben mein Bruder Paul als hervorragender Deutscher ein! Es kann zwar nicht jeder von uns die Welt aus den Angeln heben, aber Paul gewöhnt sich neuerdings das Rauchen ab! Und außerdem ist vielleicht auch noch Beate Uhse eine hervorragende Deutsche, wie? Und natürlich ist unser Graf Zeppelin einer, der Luftschiffer, ahoi, das Sinnbild von uns Deutschen überhaupt. Graf Zeppelin, den man sich nur mit weißem Schnauzbart vorstellen kann, auch im Wickelkissen schon und als späteren ABC-Schützen, obwohl Kinder im allgemeinem keine weißen Schnauzbärte zu tragen pflegen. Vielleicht ist Graf Zeppelin aber auch nie ein Kind gewesen, sondern gleich als alter, guter Graf Zeppelin auf die Welt gekommen?

Die amerikanischen Schauspieler hingegen, selbst die, die dem letzten Mohikaner noch die Hände geschüttelt haben müssen, sind ganz bestimmt Kinder gewesen – Kinder, die man liebte. Der Satz ICH LIEBE DICH! kommt in Amerika öfter vor als Tomatenketchup! Darum bedanken sich die jungen und die alten und die ältesten amerikanischen Schauspieler anläßlich der Oscarverleihungen ja auch immer öffentlich bei ihren Eltern für sich, da weiß man sofort, daß sie Kinder gewesen sind, hurrä! Vom Grafen Zeppelin hat man nie gehört, daß er sich für sich oder die starren Luftschiffe oder wenigstens für seinen schönen weißen Nasenschnauz öffentlich bei seinen

Eltern bedankt hätte, nicht mal aus 1000 Meter Höhe oder so! Und bei uns Rentnern kann man da gleich völlig stille sein und sich verlegen auf den eigenen Füßen rumtreten, weil sich hier überhaupt noch keiner öffentlich bei seinen greisen Eltern dafür bedankt hat, daß er Rentner sein darf! Kein Wunder, daß die Amerikaner überall zum Vorbild werden und so ein unwahrscheinliches Selbstbewußtsein besitzen! Sie lieben sich eben, verdammt noch mal! Und sagen sich das auch. Selbst als uralte Kracher, wo der Europäer nur noch schweigt! Sogar wenns nicht stimmt! Aber es macht Eindruck auf die Leute! Wie ich beim Treppensteigen. Es hängt eben alles zusammen im Leben, geliebter Leser, was?

Paulchens Opa ist gestorben.
Allmählich wird Paulchen klar, daß Opa nie mehr da sein wird.
»Du, Oma«, fragt er, »wo ist Opa denn eigentlich hin?«
Die Oma versucht, es ihm schonend beizubringen. »Dein Opa, weißt du, der ist jetzt da, wo wir alle mal hinkommen ...«
»Ach so, dann weiß ich schon: Opa ist auf Mallorca!«

MATTHIAS BISKUPEK

Dankesworte aus des Feierabendheimes Stille

Sehr geehrte Frau Dr. Sozialministerin,

auf diesem Wege möchte ich mich bei Ihnen für mein Dasein bedanken. In meiner Jugend habe ich in deutscher Gesellschaftskunde nicht nur Heinz G. Konsalik und Anna Seghers gelernt, sondern auch die Form, wie man eine Eingabe mit warmer Herzensergießung an eine verantwortliche Stelle abfaßt.
Es ist nämlich gerade Stillbeschäftigung, und der ollen Süßmuthn, die ständig wild auf uns Männer vom zwooten Aufgang ist, habe ich das Papier geklaut. Sie benutzt es, um ihr Make-up zu poppen, aber ich weiß genau, daß man es auch als Briefpapier nehmen kann. Hier, im geschlossen betreuten Seniorenfreigang, steht uns zwar ein Computer zum Mailen zur Verfügung, aber der funktioniert nicht. Der bescheuerte Professor Hansi Stängl wollte damit in unsere Gesundheitsdatenbank eindringen. Nun haben sie den Computer frisiert, und er macht nur noch pingpong, als ob wir plemplem wären.
Aber ich weiß noch immer, daß es draußen die gelbe Post gibt, die ihre Aktien in Briefkästen und Zustelleinrichtungen anlegt. Und so wie man früher Kassiber schmuggelte, weiß ich

heute News rauszuschleusen. Also, horridoh, Frau Doktor, da haben Sie nun hoffentlich diesen Brief auf Ihrem Staats-Sekretär liegen und können meinen Dank herauslesen.
Ich will Ihnen zunächst sagen, daß meine Rentenkasse genullt wurde. Schließlich bekomme ich hier bis zum ordnungsgemäßen Ableben fast täglich Frühstück und fr. Pflaumenkuchen und fr. Socken. Nur die Schlagsahne wird Zuckerkranken verwehrt, selbst wenn man überhaupt nicht zuckerkrank ist. Dafür hat der Zivildienstleistende einen süßen Arsch, von dem ich aber annehmen muß, daß er nicht weiblichen Ursprungs ist. Mein Behindertenklo muß ich leider mit Prof. Stängl teilen, aber dem huste ich was, wenn Sie verstehen, was ich meine. Der wartet immer 'ne halbe Stunde, wenn ich drauf war, aber es nützt ihm nicht viel. Luft ist dick, und dick sein heißt, frohen Herzens was hinterlassen.
So hat man auch Spaß und nicht nur diese langweiligen TV-Sendungen für Teenies, in denen sie immer gleich quieken, wenn sie mal begrapscht werden. Bei uns wird nie gequiekt, selbst wenn der Pflegedienst drei Leistungsmerkmale in einer Zeiteinheit einbringen muß. Die Süßmuthn findet das sogar echt geil, und ihre Zellen-, ich meine, Wohnungs-Nachbarin macht dabei einen Zirkus, daß man noch jedes Video von »Drei Herzen im Schrittmachertakt« dafür abfahren läßt.
Wir haben hier nämlich auch einen gesunden

Wettbewerb. Wir nennen das »Organe für die Nachwelt«, wo man mächtig viele Punkte kriegt, wenn man ein besonders verwertbarer Nieren-, Herz- und Milzteilspender ist. Leider kriegt man die Punkte immer nur gutgeschrieben, wenn man sie nicht mehr mitkriegt, wenn Sie mitgekriegt haben, was ich meine.

Aber jede Woche kommen die Universitäter. Ich meine die spindoctors, die mit uns Tests machen. Wer da kein Gedicht mehr weiß, der wird es lang nicht wissen. Es ist, als wenn es tausend Einsatzstäbe gäbe, die unsere Lebensdauer mit der vorhandenen Geldmenge in funktionalen Einklang bringen. Bringen müssen. Manchmal nibbeln die Funktionen gegen Null, und dann heißt es einfach: Zähne zusammenbeißen, denn ein neuer Stiftzahn ist rein pflegesatzmäßig nicht mehr drin. Für die uns noch bei Gott und der ihn verwertenden GmbH Kirche e.V. gegebene Feierabendzeit.

Bedanken möchte ich mich aber auch für die angenehme, rundum gelungene Gestaltung unserer Einrichtung. Vor allem die Rutschgeländer, die Prellpfosten, die dehnbaren Eckgarnituren und die Hochsicherungseinrichtungen der Außenanlagen sind farblich lebensfroh gehalten. Wie auch lebensnah. Und daß es Live-Kulturprogramme gibt, wissen wir alle zu schätzen. Manchmal kommen sogar Eulenspiegel-Autoren zu bunten Humor-Veranstaltungen gerollt und werden dann wieder von ihrem lektoralen Personal abgefahren. Prof.

Stängl meint, er habe sie früher alle gekannt. Aber wahrscheinlich gibt er genauso an wie die Süßmuthn, die neuerdings auch die vom dritten und vierten Aufgang vernaschen will. Aber ich habe schon mitgeteilt: Zuckerkranke sind tabu und überall verteilt stationiert. Damit wir tätige Solidarität üben und uns schon daran gewöhnen, was uns passiert, wenn wir die Verpflegungssätze in eine von der Gesellschaft nicht mehr tolerierbare Höhe treiben.
Diese Einsichten auszusprechen, lernen wir bei der Lautbeschäftigung. Im Gegensatz zur jetzigen Stillbeschäftigung.
Ganz besonders aber, sehr geehrte Frau Dr. Sozialministerin, und damit will ich meine Danksagung schließen, gefällt mir, daß wir kürzlich die nächtliche Betreuung auf der Basis der Humanfreiheit eingeführt bekamen. Früher bekam man bei Widersetzlichkeit ab und zu ein Klistier von der Nachtschwester eingeführt; jetzt aber ist die Einführung der humanfreien Betreuung ab siebzehn Uhr auf der Tagesordnung. Das lebende Personal verläßt um diese Zeit wegen tariflicher Ausschöpfung die Einrichtung. Dann sehen wir uns nur noch den Pflegecomputern gegenüber. Die sind unbestechlich und versehen den Einschluß pünktlich zur Nachtruhe. Und der Süßmuthn nützt es gar nix, wenn sie mit ihrem Make-up klimpert, so!
Wenn es die Kosteneinsparung nötig macht, wird bei den Computern manchmal eine

Schraube angezogen. Und da ziehen wir dann voll mit, bzw. werden mitgezogen. Prof. Stängl hat mir erklärt, daß es früher mal den Slogan »Leb schneller, Genosse!« gab. Den verwirklichen wir jetzt nach bestem Wissen und Gewissen. Drum kommt die Zukunft immer geschwinder an uns ran. Mit einem optimistischen Ausblick auf die Erfüllung unserer Hauptaufgabe schließe ich und grüße Sie aus der Zielkurve mit einem tiefen & gutgemeinten Schnauferl.

Ihr Feier-Abend-Insasse

Dem Winzer naht das letzte Stündlein. Mit letzter Kraft winkt er seine Söhne ans Sterbelager. Er winkt sie ganz, ganz nah zu sich heran und flüstert mit ersterbender Stimme: »Übrigens, man kann Wein auch aus Trauben herstellen ...«

UWE KANT

Bin auf dem Friedhof

Der Witwer Pittelkow hatte vierzig Jahre Kohlen ausgetragen, seit drei Jahren lebte er allein, seit einem Jahr war er Rentner, seit einer Woche auch Sammler.

Er war immer noch ein kräftiger, breitschultriger Mann. Ein bißchen gebeugt schon, aber nicht von der redensartlichen Last der Jahre, sondern von den konkreten Lasten, die er jahraus, jahrein durch die Kellergänge jener alten Häuser gewuchtet hatte, in denen es keine moderne Heizung gab.

Pittelkow war eitel genug, hin und wieder ein Solarium aufzusuchen, nachdem er festgestellt hatte, daß es nicht mehr möglich war, den Schwarzstaub ganz und gar aus den Poren und Runzeln heraus zu waschen. Mit seinem kurzen grauen Kraushaar dazu glich er nun einem afroamerikanischen Mittelgewichtsboxer, der es hinter sich hat. Seine Freunde nannten ihn natürlich Pit; mit Pitty hatte es nur einer versucht, und auch nur ein einziges Mal. Aber die Freunde waren selten geworden, seit er angefangen hatte, die Kneipen zu meiden.

Zu blöd, sagte Pittelkow.

Du bist nicht gemeint, sagte er mehr warnend als sich entschuldigend zu einem rotblonden Jüngling mit der Aufschrift Born to be wild, der neben ihm an der

Bus-Haltestelle stand und der versuchte, ihn wild anzugucken. Es ist ein Selbstgespräch, Privatsache, verstehste, sagte Pittelkow und hielt den Zeigefinger vor die Lippen.
Am Grab seiner Frau, das er selten und in unregelmäßigen Abständen besuchte, sah er sich aber erst um, ehe er noch einmal sagte: Zu blöd. Weißte, Hanna, die Kerle sind zu blöd, so was zu schnallen. Und ich bin zu blöd, es für mich zu behalten, ja, ja. Ich wollte es Ihnen ja noch erklären. Daß ich was sammeln will, damit ich nicht beim Bier, beim Zocken oder beim Zappen tot umfall, daß ich was zu tun hab. Und daß es was Leichtes und was Genaues sein soll nach den ganzen ungefähren Kohlenzentnern. Gucken se schon wie der Ochs im Botanischen Garten. Briefmarken, sagt natürlich einer, die sind leicht, und steht genau drauf, was sie kosten, Briefmarken! Nee, sage ich, Briefwaagen! Häh? Briefwaagen. Na, das Gelächter hättest du hören müssen. Oder – nee, sei bloß froh, daß du so wat hier draußen nicht vernehmen mußt. Ja, und inzwischen bin ich nun schon die halben Flohmärkte rauf und runter, da kriegst du fünfzig rostige Haustürschlüssel für zwei Mark und Bratpfannen wie vom Herd genommen, mit Original Zwiebelringen. Aber was du nicht kriegst, sind paar richtige alte Briefwaagen. Ich glaube, ich gebe bald 'ne Annonce auf: Sammler sucht dringend Briefwaagen voriges Jahrhundert. Na ja.

In der Nacht wurde Pittelkow vom Signal des Telefons wach. Das wunderte ihn zuerst mehr als der Zeit-

OMA RÄUMT AB UND OPA HOLT DIE SPIELKARTEN. ICH KOMME EUCH NICHT BESUCHEN, DAMIT IHR NACH DEM ESSEN MITTAGSSCHLÄFCHEN HALTET!
RATTELSCHNECK

punkt des Anrufs. Erstens hatte er den gesunden Schlaf der Gerechten, und zweitens verabscheute er das neumodische Telefon. Mit dem konnte man zwar alles Mögliche anstellen, wie ein Glatzkopf im Fernsehen täglich mehrfach vormachte, nur zu hören war es schlecht, wenn gerade jemand mit der Zeitung raschelte oder den Seiflappen auf das Frotteetuch fallen ließ. Statt anständig loszubimmeln wie die kiloschweren Feldgeräte der Vorzeit, zirpte, piepste und wisperte es in einer aus rätselhaften Gründen wechselnden, aber immer diskreten Weise. Dieses Mal war es ein weich dahinschwingender Ton wie von einer Harfe, den er dem Gerät gar nicht zugetraut hatte. Weil der Apparat statt von einer Telefonistin von einem Designer gestaltet worden war, hatte Pittelkow erst noch ein bißchen Mühe, das richtige Ende ans Ohr zu halten, hörte aber dann die hohe und brüchige Stimme einer anscheinend sehr alten Frau wiederholt den altmodischen Ausruf Hallo/Hallo tun wie in einem antiquierten Katastrophenfilm.

Hier Kolkrabe, sagte Pittelkow, es ist so gegen zwei. Nachts. Löschzug Römisch Vier ist unterwegs zu Ihnen. Steinkauz, bitte kommen!

Hallo? sagte die Frau.

Genaugenommen Pittelkow, sagte Pittelkow.

Ach schön, sagte die Frau erleichtert, es ist manchmal so schwer, so schwer, die Verbindung herzustellen. Sie suchen doch eine Briefwaage aus dem vorigen Jahrhundert, nicht wahr?

Nanu, sagte Pittelkow, darf ich fragen, woher Sie das wissen?

Das … habe ich gehört, sagte die Frau.
Natürlich, sagte Pittelkow, gehört werden Sie's schon haben – die Frage ist, von wem.
Das kann ich jetzt gar nicht einmal so sagen…
Also, gut, sagte Pittelkow, es stimmt, ich suche so ein Ding, aber es hätte auch bis morgen früh Zeit gehabt, wenn Sie verstehen, was ich meine.
Sagen Sie das nicht, sagte die Frau, das sind doch die schönsten Stunden, wenn die Nacht uns in ihren dunklen, warmen Mantel hüllt. Wir sind … ich bin oftmals…
Verstehe, sagte Pittelkow, und Sie haben so eine Briefwaage? Wie sieht die denn aus?
Warten Sie, sagte die Frau, also, da sind zwei Störche – oder sind es Kraniche? Zwei Vögel mit langen Schnäbeln. Die Schnäbel halten sie in die Höhe, und sie balancieren darauf ein Nest. Und wenn man etwas auf das Nest legt, also auf die Waagschale, dann gehen die Schnäbel so über Kreuz, je nachdem, wie das Gewicht ist.
Donnerwetter, sagte Pittelkow angenehm berührt, das hört sich nicht schlecht an. Wann und wo kann man sich das mal angucken? Morgen?
Nein, nicht morgen, mein Lieber, sagte die alte Frau, kommen Sie besser am Dienstag, aber nicht vor ein Uhr. Nachts, wie Sie zu sagen pflegen, nicht wahr?
Dann ist es genau genommen schon Mittwoch, sagte Pittelkow, verstehen wir uns da recht?
Ganz recht, sagte sie.
Schön, sagte Pittelkow, ich komme gegen eins, meinetwegen, warum denn nicht. Und wo ist das?

Elsässische Straße 23, Seitenflügel, drei Treppen, rechts. Bei Paderewski.
Elsässische? Klar. Dreiundzwanzig? Die Altbauten, was?
Wieso, sagte die Frau, so alt sind die Gebäude ja auch nicht, sie sind von 1876, mein Herr.
Na, die Keller sollten Sie mal sehen, wollte Pittelkow sagen, aber dann fiel ihm ein, daß sie die Keller wohl kennen müßte, und außerdem hatte sie aufgelegt.

Das Haus stand verlassen und schäbig im Sonnenschein wie ein Penner, der wieder einen Winter überlebt hatte. In den Rahmen des Stillen Portiers über den Briefkästen war Feuchtigkeit eingedrungen. Die Namenstafel war aufgequollen, aber wer Bescheid wußte, konnte schon noch Paderewski entziffern.
Vorbereitet haben sie sich, dachte Pittelkow, der mit der Überzeugung aufgewacht war, seine alten Kumpels aus der »Dritten Laterne« hätten sich zu einer Verschwörung gegen ihn zusammengetan. Ich krieg's raus, sagte er laut gegen die Briefkästen, aber im Haus blieb es still.
Das Klingelschild hoch droben drei Treppen rechts sah sogar aus wie neu: Elisabeth Paderewski.
Es ist gegen die Abmachung, dachte er, aber wenn ich einmal hier bin, kann ich auch klingeln. Es kann kein Verbrechen sein, wenn man nichts verkaufen und niemanden umbringen will, vormittags um elfuhrsiebenundzwanzig an einer Wohnungstür zu klingeln.
Er streckte den Zeigefinger, den man getrost auch den Klingelfinger nennen darf, schon aus, als von oben

her, wo es im Türrahmen gesteckt haben mochte, ein Stück Papier gesegelt kam wie ein welkes Blatt. Eine linierte Seite mit gelblichen Roststellen dort, wo sie aus den Heftklammern gerissen worden war. Quer und groß mit zittriger, gleichwohl entschlossener Hand beschriftet mit den Worten:

BIN AUF DEM FRIEDHOF! E. P.

Pittelkow nickte grinsend. Bei den Besuchen am Grab seiner Frau hatte er sie jedesmal gesehen, diese ordentlichen und umsichtigen Gärtnerinnen des Todes, alte Frauen zumeist, die, mit netten kleinen Spaten, Harken und praktischen Steckvasen versehen, stillvergnügt ihrem selbstgewählten Dienst oblagen. Es machte ihnen nichts aus, derartige Nachrichten zu hinterlassen. Na schön, sagte Pittelkow, dann eben morgen.

Der Mondenschein, der alte Schönfärber, ließ das Haus eher geheimnisvoll als verwahrlost aussehen.
Pittelkow auf der anderen Straßenseite kniff die Augen zusammen wie immer beim Rauchen und sah zu ihm hinüber. Pittelkow war von Natur etwa so ängstlich wie ein Cairn-Terrier, aber das Haus war ihm jedenfalls nicht geheuer. Weiß der Teufel, sagte er, vielleicht gehst du lieber in dein Heiabett und träumst was Nettes von der Kellnerin mit dem Zopf aus der ›Dritten Laterne‹.
In dem Augenblick sah er aber Licht an drei verschiedenen Stellen angehen.

Im Parterre wurde sogar ein Fenster aufgemacht, eine Frau, so fett, daß man es schon von weitem sah, guckte heraus, die weißen Arme auf ein Kissen gebettet wie zum Verkauf. Auch die Haustür öffnete sich nun, und es erschien ein in der abscheulichen altdeutschen Art geschorener Pudelhund, dem mit kleinen schlurfenden Schritten ein dünner alter Mann folgte. Als habe irgendwo hinter Vorhängen und Kulissen der Inspizient zum dritten Mal geläutet.

Ihr Auftritt, Pittelkow, sagte Pittelkow, und drückte nun seinerseits den Klingelknopf.
Ach, wie schön, sagte die Frau. die alte Dame, es ist manchmal so schwer, so furchtbar schwer, die Verbindung herzustellen. Sie sind also wirklich gekommen.
Ja, na ja, gesagt ist gesagt, sagte Pittelkow ein bißchen dämlich.

Das Zimmer war spärlich mit ein paar Schränkchen, einem ovalen Tisch mit verschnörkeltem Mittelfuß, zwei hochlehnigen Stühlen und einem buckligen Sofa ausgestattet. Auf einem Möbel, Kommode oder Vertiko, standen silberne oder silberfarbene Vasen und Kandelaber herum wie Dekorationsstücke in einem

Antik-Geschäft. Der vorherrschende Geruch, lange hatte Pittelkow solchen nicht gerochen, war der von Mottenkugeln, GLOBOL TUT WOHL; hieß es nicht, daß die Kleidermotte ausgestorben war? Darunter hielt sich aber beharrlich ein Duft wie von Maiglöckchen, obgleich nirgendwo die geringste Blüte zu sehen war. Parfüm, dachte Pittelkow gerührt, es ist ihr Parfüm, sie hat sich für mich parfümiert. Frauen!

Sie war wirklich alt, neunzig Jahre vielleicht. Oder hundert? Dabei hochgewachsen und gerade; etwas Schwarzes hing stufenweis an ihr herunter, so daß ihre Gestalt einem nicht ganz ordentlich zusammengerollten Stockschirm glich. Ihre Gesichtsfarbe war die jener grauweißen, von Hadern durchzogenen Löschblätter, die man zu Pittelkows Schulzeit noch benutzt hatte. Ihre Hand hatte sich in seiner angefühlt wie Reisig, so trocken und zerbrechlich.

Beinahe hätte ich gestern schon bei Ihnen geklingelt, war zufällig in der Gegend, ja, sagte Pittelkow in der munteren Weise, in der man mit sehr Betagten oder Hinfälligen spricht, wie um sie daran zu hindern, noch während des Gesprächs tot hinzuschlagen, aber da waren Sie ja auf dem Friedhof, was, da sind Sie wohl öfter?

Wie? Auf dem Friedhof? O ja, o ja. Es ist schwer, so schwer, die Verbindung herzustellen.

Wieder versuchte sie, mit den aufgefächerten Fingern der rechten Hand irgendwelche unsichtbaren Fusseln oder Krümel von ihrem Schwarzen zu streifen, eine zuckende Bewegung, die Pittelkow so bedenklich an eine Echse erinnerte, daß er nun rasch sagte: Ja,

Frau Paderewski, ich will Sie gar nicht aufhalten, ich komme bloß wegen der Waage, der Briefwaage.
Richtig, sagte sie, wie war gleich der Name? Kolkrabe?
Nein, sagte Pittelkow, das war nur ein Scherz, ich heiße Pittelkow.
Ein Scherz? Herr Pittelkow, Herr Pittelkow.
Vielleicht mußte sie husten, vielleicht lachte sie auch.
Wegen der Briefwaage? War das nicht was mit Elefanten?
Nicht direkt, sagte Pittelkow, ich meine, Sie sprachen von Vögeln.
Natürlich, sagte sie, sehen Sie, das war jetzt ein Scherz von Elisabeth Paderewski. Was sollen Elefanten wohl bei einer Briefwaage tun? Nun sehen Sie mal!
Die Waage stand auf dem Tisch. Eine zierliche Arbeit aus kupfrigem Metall. Zwei Vögel, Störche oder Kraniche, balancierten auf ihren Schnäbeln ein geflochtenes Nest ...
Sie müssen jetzt gehen, sagte die Frau, nehmen Sie das Ding und gehen Sie! Ich muß mich jetzt umziehen, schnell! Diese Verbindungen sind so schwierig, so furchtbar schwierig.
Vielleicht sollte ich Ihnen ein Glas Wasser bringen? Sagte Pittelkow. Wir müssen ja noch über den Preis ...
Verschwinden Sie, sagte Frau Paderewski, oder wollen Sie unbedingt einer Dame beim Umziehen zusehen? Und vergessen Sie Ihre Waage nicht, Blaumeise!

Zu Hause angekommen, rief Pittelkow die Dringende Sanität an und sagte: Schnell! Elsässische Straße 23, drei Treppen rechts, Paderewski, ein Notfall!

Und brachte es fertig, bald darauf einzuschlafen.
Morgens fiel sein erster Blick auf die Waage. Der zweite fiel auf das neumodische Telefon, und er drückte die Wahlwiederholung.
Ja, Entschuldigung, ich wollte mich nur erkundigen wegen heute Nacht, Elsässische Straße 23, was da los war ...
Ach, sagte eine aufgebrachte Frauenstimme, waren Sie vielleicht der Spaßvogel? Das kann Sie teuer zu stehen kommen, junger Mann. Zum Glück ist es unserem Fahrer gleich spanisch vorgekommen. Elsässische 23! Das Haus steht seit Jahren leer! Und zwar seit die letzte Mieterin gestorben ist. Frau Paderewski. So. Und nun sagen Sie mir mal Ihren Namen. Aber schön langsam, zum Mitschreiben.
Wenn es sich so verhält, junge Frau, sagte Pittelkow, dann ist mein Name Mäusebussard.

Nachmittags fand er nach wenigen Minuten in der Nähe des Grabes seiner Frau die halb überwachsene Platte mit dem Namen Paderewski. Prima, die Waage, sagte er, nur die Skala ist vergessen worden. Aber wer will damit schon was abwiegen. Und morgen komm ich mal mit bißchen Gartenwerkzeug.

Aus der Arbeit der Polizei

Als die Kriminalpolizei den betrügerischen Vertreter, der Pillen zur Erlangung der ewigen Jugend verkaufte, festgenommen hatte, stellte sich heraus, daß es sich um einen hartnäckigen Wiederholungstäter handelte. Der Mann war wegen haargenau des gleichen Delikts bereits mehrfach vorbestraft und inhaftiert worden,
und zwar 1772,
1886 und
1929
!

ERNST RÖHL

Gevatter Heinz

»Wie man sich bettet, so liegt man«, sagt meine gute, alte Tante Minna. Mein Freund Heinz sieht das ganz genauso.
Geräuschvoll klappt er seinen schwarzen Aktenkoffer auf, greift eine Handvoll Formulare heraus, stukt sie auf Kante und plaziert sie vor sich auf die Tischdecke, die Preislisten obenauf – der Tod kommt nicht zum Nulltarif.
Tante Minnas schwarzer Pudelmischling Scharlie sitzt mit schiefem Haupt und gespitzten Ohren daneben.
Tante Minna zeigt mit dem Finger auf Heinz: »Kuck dir den gut an, Scharlie, das ist der Onkel von der Pietät.«
Scharlie wedelt mit dem Schwanz.
Er versteht jedes Wort.
Ich hänge in Tante Minnas Fernsehsessel und sage vorsichtshalber gar nichts. War es richtig, Heinz den Weg in Tante Minnas gute Stube zu bahnen? Oder war es genau das Verkehrte?
Zur Feier des Tages trägt er ein dunkelgraues Jackett samt schwarzer Fliege. »Es gibt weiß Gott erfreulichere Themen«, seufzt er, »aber leider, es hilft ja nicht, der Mensch, hierin der Maschine gleich, ist anfällig gegen Verschleiß, uns allen schlägt einmal die Stunde, Tante Minna, irgendwann gehen wir alle auf die

letzte Reise ...« Er sagt einfach Tante Minna zu meiner Tante Minna! Na ja, warum nicht, wenn es hilft ...
»Ich hätte da für Sie zur Auswahl erstens eine Erdbestattung, zweitens eine Feuerbestattung und als High-light eine zünftige Seebestattung ...«
»Heileid?!«
Meine Tante Minna horcht auf. Was sie sich auf ihre alten Tage noch für Albernheiten anhören muß – Compjuter, Hendi, Internetz, und nun haben sie auch noch die Beerdigung in Heileid umbenannt! Heinz, studierter Anglist mit Karriereknick, erläutert den Sinn der Vokabel Highlight und ihre Unverzichtbarkeit für die deutsche Bestattungskultur.
Der kluge Scharlie nickt. Im Gegensatz zu ihm versteht Tante Minna nur Bahnhof und blickt gelangweilt himmelwärts. Unter Seebestattung, ja, darunter kann sie sich schon eher was vorstellen. Lebenslang hatte ihr Mann, mein vor Jahren heimgegangener Onkel Hermann, als Schleusenwärter eine sentimentale, wenngleich unerfüllte Liebe zum weiten Meer gefühlt. Gern hätte er in seiner Jugend auf einem Panzerkreuzer angemustert. Die Kriegsmarine jedoch überwies ihn brutal zur Infanterie. Nach dem Krieg standen für ihn als Arbeiter-und-Bauern-Sohn die Chancen grundsätzlich besser, eine Seemannskarriere aber blieb ihm verwehrt. Die Arbeiter-und-Bauern-Macht hatte ja gar kein Schiff, geschweige denn eine Flotte, und meinem Onkel Hermann blieb nichts weiter übrig, als seine Seetauglichkeit bei Doppelkümmel und Doppelkorn in der Bahnhofsgaststätte immer und immer wieder nachzuweisen.

»Seebestattung ist ausgesprochen günstig!« Energisch tippt Heinz mit dem Kugelschreiber auf seine Preislisten. »Seebestattung ist geradezu ein Schnäppchen. Warum? Ganz einfach, Tante Minna! Weil die Friedhofsgebühren komplett flachfallen, das ist das Schöne an der Seebestattung.« Die Hinterbliebenen, schwärmt er, gehen in Büsum mopsfidel an Bord der MS Nordstern, und zwei Stunden später übergibt Käpt'n Grapp vor den roten Klippen von Helgoland der wogenden See die Öko-Urne mit der Ehrenschleife und den sterblichen Überresten, dazu spielt er auf dem Schifferklavier La Paloma, läßt feierlich die Flagge nieder holen und die Schiffsglocke läuten, na, das ist doch was.

Unbeeindruckt von diesem poesiegestützten Marketing fragt Tante Minna ganz prosaisch nach dem Preis. Das hat sie immer so gemacht.
Und das soll auch so bleiben.
Der ganz und gar unglaubliche Preis ruft bei ihr nur ein schepperndes Hohngelächter hervor. »Ein Schnäppchen!« Sie schlägt die Hände über dem Kopf zusammen. »So was nennt sich Schnäppchen heutzutage!« Gottergeben faltet sie die Hände. »Nehmen ist seliger denn Geben, sagt unser Pastor ...«

»Immerhin erhalten Sie einen gesiegelten Logbuchauszug mit Wassertiefe, Windrichtung, Windstärke und genauer Position, nördliche Länge, östliche Breite, diese Sachen ...«
Tante Minna ist die Wassertiefe so egal wie die Windrichtung. Scharlie lächelt ironisch.
Heinz jedoch, einmal in Fahrt, läßt sich nicht in die Defensive drängen: »Schön, die Seebestattung also nicht, aber wie wär's dann mit einer modernen kosmischen Bestattung?«
»Nanu!« Tante Minna hebt die Brauen. »Was hat denn die Kosmetik auf'm Kirchhof zu suchen!«
»Mit einer kosmischen Bestattung, Tante Minna!«
»Das ist ja noch schlimmer! Ein Begräbnis ist 'ne ernste Angelegenheit, da hat Karl Dall gar nicks bei zu suchen!«
»Nein, es geht auch nicht um Komik, Tante Minna, sondern um eine Bestattung im All, im Schein der Sterne und Planeten, mit einem kleinen, erschwinglichen Zuschlag bei Vollmond. Ihre Asche wird in eine Kapsel gefüllt ...«
»Meine Asche? Warum denn grade meine?«
»Die Asche des Verstorbenen! Ein Teil der Asche, genauer gesagt, wird in eine Kapsel gefüllt und mittels Rakete in den Weltraum abgefeuert ...«
»Alles gut und schön«, sagt Tante Minna, »aber was wird dann aus Scharlie?«
Scharlie schweigt.
Heinz kuckt mich an.
Ich kucke Heinz an.
Scharlie kuckt von einem zum andern.
Alles ist so maßlos traurig.

Heinz war an der Humbug-Universität abgewickelt und freigesetzt worden wegen Staatsnähe oder Staatsferne, was weiß ich, vielleicht wegen seiner Sommersprossen, vielleicht auch nur, weil depressive stellungsuchende Anglisten in Deutschland rudelweise umherirren. Zum Glück hat er ein stark ausgeprägtes Talent für's positive Denken und schärft sich immer wieder ein: Wenn du irgendwo rausfliegst, Heinz, begreif es als Chance, halt die Ohren steif, laß dich nicht unterkriegen!

Nie und nimmer vergesse ich jenen Tag im Novem-

ber, an dem er die Annonce entdeckte, die seinem Leben wieder einen Sinn gab: Bestatter – ein Beruf mit Zukunft!

Jeder Heringsbändiger, jeder Schrippenarchitekt hat heutzutage die Freiheit, von einem Tag auf den anderen ins Bestattungsgewerbe zu wechseln, wußten Sie das? Er braucht nur einen halbwegs sauberen schwarzen Frack und einen Gewerbeschein zum Preis von fünfunddreißig Mark. Und ein bißchen rechnen sollte er können, das vor allem.

Seit jenem Tag versucht Heinz, im Namen und zugunsten der Firma Last Minute Trauerberatung Bestattungskandidaten zu akquirieren. »Der Tod gehört

zum Leben dazu«, sagt er sich dreimal täglich nach dem Essen. Von der vagen Aussicht auf Provision gepeitscht, grast er Altenheime, Seniorenklubs und Sozialstationen ab; unverdrossen bietet er seinen Schnupperkurs Sterben, Tod und Abschiednehmen an. Krankenschwestern, Rettungswagenfahrern und Polizisten schmeichelt er diskret und zu geldwertem Vorteil einschlägige Hinweise ab. Nicht mal den Freundeskreis verschont er, den am allerwenigsten.
Auch mir legt er von Zeit zu Zeit die Bestattungsvorsorge zu Lebzeiten wärmstens ans Herz. »Vorsorge ist klasse! Du kannst dein Begräbnis haargenau so pla-

nen, wie du selbst es gern erleben möchtest, wenn du selbst es erleben könntest. Du selbst entscheidest, wie teuer dein Sarg sein soll, ob ein kleiner Trompeter blasen oder ein großer Geiger geigen soll, ob er Time to say good-bye fiedeln soll, den Schneewalzer oder 's is Feierohmd. Und außerdem«, fügt er mit diesem widerlichem Kondolenztremolo hinzu, »gibt es für die Vorsorgelebensversicherung bei Last Minute entschieden höhere Zinsen als bei der Sparkasse.«
Was macht man als Freund, wenn es mit einem Freund so weit gekommen ist?
Man läßt ihn nicht im Stich! Und wenn irgend mög-

lich, organisiert man ihm beruflichen Rückenwind, indem man zum Beispiel überlegt, wer aus der Verwandtschaft oder Bekanntschaft als Kunde eventuell vielleicht in Frage kommen könnte ...

Die kosmetische Bestattung hat zu Verstimmung und Sprachlosigkeit der Verhandlungspartner geführt.
»Tante Minna«, sage ich aus der Tiefe des Raums, »hör dir das alles doch erst mal in Ruhe an!«
Dankbar wirft Heinz mir einen Blick zu.
»Erstmal das Wichtigste!« sagt Tante Minna. »Was kostet der Sarg?«
»Je nachdem, das ist ganz unterschiedlich ...« Heinz legt sich bei der Preisgestaltung ungern nach unten fest. »Ich kann Ihnen aber versprechen, Tante Minna: Bei uns liegen Sie richtig!«
Tante Minna ist eine Zeitungleserin und weiß, daß die steigenden Bestatterpreise Leuten mit schwachem Herzen zum tödlichen Verhängnis werden können, hat's alles schon gegeben. Sie selbst erfreut sich zum Glück eines robusten Herzens: »Raus mit der Sprache, junger Mann, was kostet der Sarg?«
»Kommt ganz drauf an ...«
»Und worauf?«
»Darauf, ob Sie sich, was ich nicht annehme, mit ei-

»Soviel Pietät hat jeder Kunde, daß er bei der Pietät nicht um den Preis feilscht.«

nem Billigverbrenner aus dem Sarg-Discount zufrieden geben oder ob es, sagen wir, der Designersarg Raskolnikoff sein soll, mit Schmuck-Blutspritzern und integrierter Axt ...« Heinz läßt den Profi ganz lang raushängen.
Wie kann er bloß so bescheuert sein!
»Was kostet der Sarg?« beharrt Tante Minna. »Wenn sich da einer rein legen soll, muß er ja vorher wenigstens die Preise kennen ...«
»Selbstverständlich, das sollen Sie, dafür bin ich ja da! Preisvergleiche lohnen immer, nicht nur im Leben, sondern auch darüber hinaus ...« Hektisch blättert er in seiner Preisliste. »Allerdings, auch das sollten wir berücksichtigen: Der Sargpreis ist, so leid es mir tut,

nur ein Teil der Kosten, erfahrungsgemäß kommt noch eine Kleinigkeit hinzu für das Totengewand, für Decke und Kissen, für den Pastor und den Grabstein, für die Musik, für Kühlung, Schleifen, Kerzen, Kandelaber und Blumendekoration, Arztkosten, Einbettungsgebühr, Auslagen für Porto und Telefon. Und natürlich für Trinkgelder, klar ...«

»Trinkgelder?«

Tante Minna erstarrt. Als hätte ein Schuß sie getroffen!

»Für Trinkgelder?«

Scharlie fixiert Heinz mit stahlhartem Blick.

Heinz kuckt hilfeheischend zu mir rüber, ich aber weiche diesen Blicken feige aus. Dabei trifft ihn an Onkel Hermanns letalem Leberschaden doch nun wirklich keine Schuld.

»Trinkgelder?« wiederholt Tante Minna.

Scharlie schüttelt fassungslos den Kopf.

Plötzlich ist nichts mehr, wie es eben noch gewesen ist.

Heinz ist seiner Aufgabe nicht gewachsen. Vielleicht hätte ich ihn besser vorbereiten sollen? Ach was, ich hätte erst gar keine falschen Hoffnungen wecken dürfen! Bei bester Gesundheit überlebt Tante Minna einen Altersgefährten nach dem anderen und freundet sich allmählich mit dem Gedanken an, unsterblich zu sein. Ihre Lieblingsbeschäftigung besteht darin, die schwarz geränderten Anzeigen in der Zeitung zu kommentieren mit Bemerkungen wie: »Da geht er hin und singt nicht mehr ...« Und dann gibt es ja auch noch die Tage, an denen dem Setzer ein Malheur passiert, das seinen traurigen Texten plötzlich und unerwartet eine heitere Note verleiht: Ein treues Mutterherz und zwei nimmermüde Hände haben aufgehört zu schlagen ...

Ein ungutes Schweigen breitet sich aus in der guten Stube.

»Na denn, vielen Dank auch für Ihren Besuch...« Tante Minna erhebt sich. »Gott sei Dank hat der HERR uns bei unserer Geburt das Leben geschenkt und nicht verkauft, dadurch wird das Sterben man bloß noch halb so teuer.«

Rein rechnerisch ist das richtig, das weiß auch Gevatter Heinz. Wie ein Häufchen Elend sitzt er da – ein Unglücksrabe, ein Gescheiterter, ein Geschlagener, oh Tod, wo ist dein Stachel, oh Hölle, wo ist dein Sieg, und wo eigentlich ist der unterschriebene Vertrag über Vorsorge noch zu Lebzeiten?! Deprimiert verstaut er Formulare und Preislisten in seinem lächerlich eleganten schwarzen Aktenkoffer.

Das hab ich nicht gewollt.

Auch Tante Minna macht der Anblick zu schaffen.

Sogar Scharlie läßt die Ohren hängen.

Das bringt Tante Minna dann aber schließlich doch noch auf eine Idee. »Vielleicht«, sagt sie, »wäre das ja irgendwann mal was für Scharlie.«

Sofort erwacht mein Freund Heinz zu neuem Leben. Natürlich hat er erstklassige Verbindungen auch zur Branche der Kleintierbestatter, na klar doch! Aber hundert Pro!

Scharlie wedelt mit dem Schweif, woraus Heinz messerscharf auf Scharlies Interesse schließt. Erneut packt er seine Formulare aus, und schon geht's wieder los: »Uns allen schlägt einmal die Stunde, und auch der Hund, hierin dem Menschen gleich, ist anfällig gegen Verschleiß ...«

5. KAPITEL

Je oller, je doller

Wir sind die Leute, vor denen unsere Oma uns immer gewarnt hat. Wir sind die Lebemänner und Globetrotter! Wir reisen. Wir haben die Qual der Wahl zwischen dreihundert Ländern auf vierhundert Kontinenten und reisen deshalb jedes Jahr nach Mallorca. Speziell die Männer wollen alle nicht nur das eine, sondern auch noch das andere: mit den dritten Zähnen in den zweiten Frühling. Faustregel: Je weniger Zähne, desto leichter beißen sie an. Und wenn sie in das Alter kommen, in dem es ihnen nicht mehr gelingt, ein schlechtes Beispiel zu geben, fangen sie an, gute Ratschläge zu erteilen.

ANGELA GENTZMER

»Tunis, Hauptstadt von Marokko«

Eigentlich kann ich mich kaum beklagen, denn während meiner höchstwichtigen Tätigkeit als Kaffeeholerin und Prellbock für jeden Afterkünstler beim Fernsehen durfte ich mich – bestückt mit klappriger Technik und ebensolchen Machern – in der Welt bzw. Halbwelt zu künstlerischen und anderen hinterlistigen Zwecken herumtreiben.

Bei Produktionen, die sich wie Kaugummi in die Länge zogen, lernten mich fast alle Metropolen auf unserem DDR-Globus kennen von Halle an der Saale oder wie man sich heute moderner ausdrückt: Hell to Sale über Lookwood Luckenwalde bis nach Halftown Halberstadt.

Da Reisen in Einzelfällen bildet, blieben mir die Schönheiten unserer zauberhaften Heimat natürlich nicht verborgen, weder die Alkoholfahnen meiner Kollegen am Drehort, Pardon, am Set – noch die Kakerlaken in den Einzelzellen der mittelalterlichen Herbergen.

Schön, das ist lange her, und durch hartnäckiges Festkrallen im räudigen Medienpelz ist es mir letztendlich gelungen, mich als nunmehr »Grauer Star« mit einer ansehnlichen Mindestrente herumzubalgen.

Nun haben ja repräsentative Umfragen auf Kaffeefahrten und anderen seriösen Unternehmen festgestellt, daß übermäßiger Fernsehgenuß nicht nur verblödet, sondern auch impotent macht. Ich dagegen

behaupte: Fernsehen macht bockig! Doch! Ich selbst habe mich in dieser Hinrichtung oft genug getestet. Sowie der Durchhaltebefehl durch die Mattscheibe peitscht:

»Werbung! Bleiben Sie dran!«

schieße ich sofort scharf zurück: »Denkste, du Arsch!« Und klinke mich gnadenlos in das nächste miese Programm ein. Da ist es mir auch wurscht, wer wen nach dem Maggistudio vergewaltigt oder abknallt. Der schönste Mörder lockt mich da nicht mehr hinter dem Ofen vor, lieber dresche ich in irgendeiner Musikantenscheune Stroh oder lerne jodeln.
Dieser »Bock« hat bisher auch verhindert, daß ich mich trotz meiner hohen Jugend bis heute nicht damit abfinden kann, zusammen mit einer Aldi-Tüte auf einer Parkbank abgesetzt zu werden – oder mich über eine regelmäßige Verdauung recht herzlich zu freuen.

Im Afternoon – im Gegenteil. Obwohl mein Geist sich schon langsam aufs Altenteil zurückzieht, bin ich dauernd bestrebt, mir etwas gefährlich Neues auszudenken. Von Jugend an hatte mich alles, was mit dem weiten Meer zusammenhing, interessiert: Mehr Geld – mehr anzuziehen – mehr Freizeit und wehmütige Seemannslieder wie »Unser Koch in der Kombüse ist ne vollgefressene S...«. Nein, halt, wie ging denn der andere Song? Irgendwas mit der Tochter von Picasso – ach, ich hab's: »La Paloma.«

Ja, wenn die weiße Taube so in die wogende See sticht, dann überfällt mich die Leidenschaft derart, daß ich wie Hans Albers die Mutter bitte: »Oh, bete doch für dein Kind.«

Was lag also näher, daß ich mich eines Tages ins Meer stürzte, und zwar in Form einer Kreuzfahrt, zusammen mit meinem 13jährigen Enkel, der, ohne seinen Computer aus den Augen zu lassen, verwirrt stammelte: »Ach, du dicker Vater, etwa mit dir? Na lecker!«

Nun darf man die Reaktion eines pubertierenden Kindes keinesfalls auf die Goldwaage legen, und als ich ihm versprach, ein paar von seinen persönlichen Kleinigkeiten – den Computer, Laptop und so weiter zu seiner Erholung mitzuschleppen, lenkte er großzügig ein: »Okay, okay, schon überredet. Hoffentlich finden wir an Bord 'ne ruhige Ecke für dich, in die du dich verfatzen kannst.«

Ph – ruhige Ecke. Ich wollte mich amüsieren, Menschenskind: Tanzen – Aerobic – einen Tauchkursus belegen – schließlich fühle ich mich noch wie 60 – ist doch ein prima Alter für eine 70jährige Power-Frau oder wie diese Emanzen heißen. Nicht umsonst habe ich 1947 den Rock'n'Roll-Dauertanz im »Goldenen Pflug« nebst einer Büchse Schmalzfleisch gewonnen. Ich will mich gewiß nicht loben, aber, wenn meine Oma mir solche Reise spendiert hätte – na! Einen Riegel Schokolade gab sie uns Kindern mit der strengen Maßgabe: »Aber teilen! Jeder die Hälfte.«

Na ja, was soll's. Sind heute ganz andere Zeiten.

Nun aber zu dem Dampfer – Quatsch! – Luxus-Liner. Wie sagt meine Freundin immer, wenn etwas größer ist als ihr Horizont?

»Alles Superlative!«

Und das traf verdammt zu. Sowohl das ganze Super als auch das lative Ambiente – 4 Sterne Plus. Wir hatten wegen der teuren Kohle zwar bloß eine Innenkabine ohne Fenster, was sich aber später als sehr sinnvoll erwies, weil ich den Jungen, wenn er sich frühmorgens aus der Disco schleppte, präzise wie seine Erdkundelehrerin examinieren konnte: »David, welche Stadt?«

Falls er dann – bevor er in Tiefschlaf versank, gähnte:

»Tunis!«

war sonnenklar, daß wir uns am Kai von Marokko befanden.

Ich konnte mich also beglückwünschen, den Bengel durch gezielten Anschauungsunterricht von seiner Vier in Erdkunde runterzukriegen.

Mein **»Oma geht jetzt frühstücken«** hätte ich auch einem Krokodil in den Rachen werfen können, so, wie es aussah, würde sich vor zwölf Uhr bei dem erschöpften Kind keine Hand regen.

Nachdem ich auf dem Weg zum Frühstücksdeck jeden Menschen, der mir begegnete, begrüßt hatte – das bin ich von den Spaziergängen mit meinem Hund so gewöhnt, ich kenne sämtliche Hunde mit Vor- und Nachnamen – hat mich der Anblick des Buffets fast umgehaun.
Sie haben doch sicher schon mal was von Leonardo di Caprio und seiner »Titanic« gehört, ja? Als der Kahn noch lebte, natürlich.
Soo lang etwa – aber immer noch so rum und dumm – und so vollgeladen, daß ich Angst hatte, es bricht. Und diese köstlich gourmierten Leckerlis – um mit Karl May, nein, mit Karl Moik zu sprechen: »Wahnsinn!«
Wie gesagt, früher, als ich noch durch die Lande dienstreiste, gab es in den Absteigen selbstverständlich auch Eier, so ist das nicht, meistens im Glas, oder für Intelligenzler mit Sonderstatus auf Wunsch sogar

gestreichelt, aber das hier: Der Gipfel des Genusses. Gott sei Dank sah ich noch rechtzeitig im Spiegel meine aus den Fugen geratene Figur, so daß ich hurtig ein Omelett mit einem Stück Melone vertauschte. Ich hatte nämlich gerade eine Diät angefangen und als erste Maßnahme einen fettarmen Lippenstift getragen. Und wohin das entzückte Auge blickte – überall knackige, braungebrannte Stewards! Alles Jungs aus Manila, die ihre noch buttercremefarbenen Passagiere so herzlich begrüßten, daß man sich sofort wie zu Hause fühlte, das heißt, viel besser natürlich. Einer der young men sang, während ich meinen Diätplan kurzfristig über den Haufen schmiß: »I believe, I can fly«, und ich, weil ich mich so super fühlte und überdies vor 100 Jahren in Englisch eine Zwei hatte, habe fröhlich weitergejazzt: »I believe, I can touch the sky.«

Das war natürlich »Bingo«! Überall blitzten vor Freude herrlich weiße Zähne, denn soviel ausgelassenes Fett hatten sie wohl noch auf keiner Passage mitgeschleift. Fortan war ich so was wie die »Mamma der Philippinos«.

Aber nur bis zum nächsten Morgen.

Gerade hatte ich mein »I believe, I can fly« zu so früher Stunde noch heiser gekrächztes Lied in Richtung

»Manila« losgespuckt, als es eine kleine Turbulenz gab. So ein Mini-Ding wie auf einer Kinder-Achterbahn. Aber ich hatte Turnschuhe an, noch dazu ganz billige, mit Designer-Botten wäre mir das sicherlich nicht passiert. Jedenfalls flog ich in hohem Bogen auf die – na ja – peng! Lag da wie eine Padde und wußte: »Dumm gelaufen, der Song.«

Die Stewards kamen im Sprint angeschossen, wollten mir hoch helfen, zogen und zerrten an der Stelle, die, dem irrsinnigen Schmerz nach zu urteilen, kaputt war. Bei jedem Versuch kreischte ich wie eine verrostete Säge: »Mein Arm! Mein Arm!«
Dann noch mal in Englisch: »My arm! My arm! O God, I break together!«
Und weg war ich. Als ich zu mir kam, lag ich zusammengeschnürt wie Tut-ench-Amun im Hospital. Die junge Ärztin tätschelte meine Hand und sagte: »Ja, das ist nun Pech, Omi, der Arm ist gebrochen«, was natürlich nicht schön von ihr war, dieses dumme Wort »Omi«. David hatte man über Bordfunk verständigt. Kam wie ein Verrückter angerast. Als er jedoch sah, daß ich noch lebte, verfiel er wieder in seinen Wachtmeisterschritt, schüttelte sein geplagtes Haupt und seufzte: »Oma Oma, du machst vielleicht Dinger«, lud

mich wie einen Kartoffelsack in einen Rollstuhl und karrte mich mit Karacho über die Decks.
Seinen Freunden rief er dabei beruhigend zu: »Komme gleich, eh. Muß bloß kurz meine Oma um die Ecke bringen.«
Das hätte sogar um ein Haar geklappt, weil er, wie er sich hinterher entschuldigte, »in dem Scheiß-Fahrstuhl nicht die Kurve gekriegt hat«.
Nun hatte ich oben links an der Birne noch 'ne Beule, die mein fürsorgliches Enkelchen aber sofort mit einem klatschnassen Waschlappen behandelte. Vom Rollstuhl aus kippte er mich dann sorgfältig wie einen Eimer Aufwischwasser in die Koje, was dem Verband, der ja mehr einer Ritterrüstung glich, aber kaum schadete.
Anschließend stopfte er mir sämtliche Kissen vorne und hinten rein, sah mich zufrieden in dem Haufen fast ersticken und fragte wie ein Altenpfleger: »Gut so, Oma? Ich gehe dann ein bißchen ins Kino, ja?«
Von da an habe ich ihn vierundzwanzig Stunden nicht mehr gesehen.
Als er dann doch für ein paar Sekunden auftauchte, um sich sein verschwitztes T-Shirt vom Leibe zu reißen, knöpfte ich ihn mir vor:
»Hör zu, Junge, wir können ja nun nicht nach Hause kommen, ohne ein paar Fotos von der Gegend hier geschossen zu haben. Also, du stellst dich vor den ›Schiefen Turm von Pisa‹, in Barcelona vor die Gaudi-Kirche, gehst in Sardinien bis zum Bauch ins Wasser und läßt dich von den Scouts fotografieren, verstanden?«

Hat er gemacht: Seine Freundin Goldi unscharf vor dem Turm in Pisa, fünfzig japanische Touristen mit verbeulten Hüten verdecken die Skulpturen der Gaudi-Kirche in Barcelona, und schließlich die Beine von seinem Freund Silvio in Sardinien, als der gerade abtaucht. Von Rom habe ich schnell noch mit links eine krakelige Ansichtskarte nach Hause geschickt. Leider arbeitet die italienische Post äußerst schlampig. Nach drei Wochen, als wir schon lange wieder daheim waren, habe ich die Karte erst gefunden: In meiner Jackentasche.

Opa erzählt

aus seinem Leben:

»Damals in Alaska bin ich mal von einem Wolfsrudel angegriffen worden... Von acht Wölfen auf einmal!«

Der Enkel: »Aber Opa, voriges Jahr hast du gesagt, es wären nur vier Wölfe gewesen!!!«

Opa: *»Richtig, mein Junge, aber damals warst du noch zu klein, die ganze Wahrheit zu erfahren.«*

EDGAR KÜLOW

Der Hausaufsatz

Den Großeltern machte der Besuch des Enkelkinds viel Freunde. Die Eltern waren anläßlich des Pfingstfestes für eine Woche nach Tunesien abgeflogen und hatten die Kleine bei Oma Lisbeth abgestellt.
Auch Opa Willi hätte seine ungetrübte Freude am Enkelchen gehabt, wenn nicht am Freitag das Unheil in Form eines Hausaufsatzes mit harter Faust an seine Tür gedonnert hätte.
»Was hast du denn, mein Mädchen?«
»Ach, Opa, ich komme mit meinem Aufsatz nicht weiter.«
»Thema?«
»Das Eichhörnchen.«
»Und wie weit biste?«
»Bei der Überschrift.«
»Gut, also dann schreibste: Das Eichhörnchen ist ein Nußknacker. Es knackt aber nur, wenn es welche hat. Hat es keine, knackt es nicht. Oder seltener. Mensch, Mutter, ich diktiere das Kind hier meterlange Sätze. Sag doch auch mal was!«
Lisbeth legte die Schlüpfer zur Seite, in die sie frische Slipeinlagen mit gesticktem Monogramm EK eingeklebt hatte und säuselte: »Das Eichhorn hat einen langen Schwanz, der ihm aufragt.«
»Nein, Evchen, das schreibste nicht. Da können ja Ver-

wechslungen vorkommen. Lisbeth! Evchen ist ein Kind!«
»Na ja, gut, dann schreibst eben: ein buschiger Schwanz. Jetzt kannste ihm nicht mehr mit Verwechslungen kommen.«
»Wer hat denn vor der Trauung in der Sakristei mit dem langen Dümpelmann? Ich doch nicht.«
»Das war nix. Aber gar nixen. Er hatte mir auf die Schleppe getreten und sich hingekniet und mir alles geglättet.«
»So ein Schnee! Bis an die Strapse hat er gegriffen. Bis an die Strapse. Ist ja typisch! Der ist ja in der CDU. Und du im Kirchenchor. Was kann man da schon erwarten. Ihr frommen Ferkel!«
»Oh! Oh!« Lisbeth lief rot an. »Und Ilse Bockenschulte? Die war doch laufend schwanger und wußte nie,

von wem. Und die war Kassiererin im SPD-Ortsverein. Und das Schlimme an der Sache: Du hast das Miststück gekannt.«
»Nun ist es aber genug. Das Kind muß doch seinen Aufsatz fertig kriegen. Wie weit biste denn, mein Schatz?«
»Bis Miststück, Opa.«
»Um Himmels willen, das Kind hat wirklich den

ganzen Quatsch mitgeschrieben, den seine Oma erzählt hat.«
Lisbeth griff wieder ein. »Geh mal zurück, Evchen, bis du an den langen Schwanz kommst, und da schreibst du weiter: Das Eichhorn ist ein Säugetier.«
»Gestatte, daß ich mich auf den Boden schmeiße und brülle. Hast du schon mal ein Eichhörnchen mit einem Euter gesehen? Und mit Zitzen, du Kamel? Nein, Eichhörnchen legen Eier.«
»Wie die Osterhasen?«
»Genau so. Das heißt, nicht genau so, denn Hasen sind ja Säugetiere. Die Männchen heißen sogar Rammler und die Frauen Häsin. Jeweils zwei Stück auf einen Baum, der Baum bewegt sich, und wenn sie runter kommen, haben sie Kinder.«
»Mensch, Opa, du erzählst aber einen Käse. Die Eichhörnchen kommen runter vom Baum, und auf der Wiese haben sie Geschlechtsverkehr. Sag mal, Oma Lisbeth, wo hat Opa nur diese Weisheit her?«
»Woher wohl?! Aus der SPD.«
Willi konterte: »Du hast doch mit achtzehn noch an den Klapperstorch geglaubt.«
»Und du an Herbert Wehner!«
»Das kannste doch überhaupt nicht vergleichen.«
»Doch, ich glaube nicht mehr an den Klapperstorch.«
Willi Koslowski war aufgesprungen. »Willst du damit sagen, daß ich einer Irrlehre hinterherlaufe?«
»Nein.« Lisbeth lächelte. »Über eine Irrlehre kann man doch diskutieren, aber nicht über einen Witz.«
»Die SPD kämpft für die Freiheit der Menschen auf dem Balkan, und das nennst du einen Witz?«

»Die SPD hat doch schon im Ersten Weltkrieg für die Freiheit der Menschen in Frankreich gekämpft.«
Lisbeth wurde ganz dünn und spitz. »Ihr werdet in eurer Regierungszeit grausam einbrechen. Seid ihr für den Krieg? Nein. Seid ihr für die Reichen? Nein. Ihr seid immer nichts. Werdet ihr denn mal was sein, auf das man bauen kann? Was meinst du, Evchen?«
»Nee, Oma, da glaub ich eher, daß die Eichhörnchen Eier legen ...«

Otto: *»Du, Willi...«*
Willi: *»Häh?«*
Otto: *»Ich hab gehört,*
du hast wieder geheiratet?«
Willi:: *»Was sagst du?«*
Otto: *»Ich habe gehört,*
du hast wieder geheiratet?«
Willi:: *»Ja, hab ich.«*
Otto: *»Wie alt ist denn deine Frau?«*
Willi: *»Häh?«*
Otto: *»Wie alt ist deine Frau?«*
Willi: *»Meine was?«*
Otto: *»Deine Frau!«*
Willi: *»Ach so, meine Frau!*
Die ist jetzt zwanzig.«
Otto: *»Na, hör mal, Willi! Hast du dir das*
auch wirklich gut überlegt?«
Willi: *»Häh?«*
Otto: *»Hast du dir das auch gut überlegt,*
du mit deinen fünfundsiebzig
Jahren! Wenn du achtzig bist,
ist deine Frau fünfundzwanzig...«
Willi: *»Ach, na eben!*
Dann muß ich mir eben
wieder was Jüngeres suchen.«

LENELIESE LAX-LAVENDEL

Muttertag

Wie schön, wenn die Blumengeschäfte Hochkonjunktur haben und Väter, Kinder und Enkel Buketts und Töpfe nach Hause schleppen und Gedichte schreiben, die sie in kleine Wechselrahmen fassen, Gedichte, in denen etwas von Mutterns Händen steht oder von der immerwährenden Liebe einer Mutter, wie schön.
Wie traurig, wenn das alles ganz und gar nicht der Fall ist, der Tag aber trotzdem nicht ausbleibt, sondern kontinuierlich näherrückt, und wenn man ganz genau weiß, daß ausgerechnet an diesem Tag niemand für einen Zeit haben wird, denn alle backen Kuchen und machen in Familie.
Frauchen schlenderte durch die Stadt und trauerte still vor sich hin, als ein Plakat ihre Aufmerksamkeit erregte.

Frühlingsfest der Volksmusik –
Große Muttertagsfeier!

Freundliche Menschen waren auf dem Plakat abgebildet. Sie lachten alle wie die Menschen in der Korea-Zeitschrift, die Frauchen zu Zeiten Kim Il Sungs ein paar Jahre abonniert hatte
Das Plakat versprach das Auftreten etlicher Grand-

Prix-Sieger, das Alpentrio Tirol, die Mutter der Volksmusik, die Goldene Stimme aus Österreich, den Blasius- Expreß, Bierzeltstimmung mit einem singenden Wirt und überhaupt: bayrische Gemütlichkeit.

Fein, sagte Frauchen, ich sollte mir auch mal was Gutes gönnen, vielleicht treff` ich da noch andere einsame Singlemütter, hau ich halt mal die 20 Mark auf den Kopf, gehe ich halt mal hin.

Sie holte ihr altes Dirndlkleid aus dem Schrank, zog den Bauch ein, kniff die Hinterbacken zusammen und stülpte es sich mit Ach und Krach über. O je, so ging das nicht. Eine olle Mutter muß ja nicht wie ei-

ne olle Bockwurst aussehen! Die Luft anhalten und mit kleinen Schritten trippeln, das ging vielleicht zehn Meter, nein, da mußte was passieren!

Sie machte den Schrank noch einmal auf. Da hing ganz links die Uniformjacke ihres Sohnes aus seiner Zeit bei der NVA. Er hatte gesagt: »Heb die mal auf«, und als sie ihn ganz verwundert anschaute, hatte er noch gesagt »Kommt Zeit, kommt Spaß«, und dann war er nach Amerika verschwunden. Seitdem hatte sie nichts mehr von ihm gehört.

Sie legte die Jacke auf den Tisch und streichelte sie. Wie oft hatte sie daran herum gebürstet, wenn sie abends auf dem Bügel hing und er schon schlief, denn er mußte am nächsten Morgen früh wieder zu seiner Einheit fahren. Er war dann am Abend immer sehr albern, und sie hatte längst verstanden, daß er so seinen Frust kompensierte, besonders als ihm Simone den Laufpaß gegeben hatte, oh wie war er unglücklich, aber er erzählte ständig Witze und lachte, und dann hatte sie ihn im Bett still schluchzen hören, aber sie konnte nicht zu ihm gehen, um ihn zu trösten, denn er hätte es als Schwäche empfunden, nein, sie bürstete schweren Herzens seine Uniformjacke ab und schwieg in sich hinein.

Und jetzt nahm sie die Schere und wollte erst einmal vom unteren Rand der Jacke nach oben eine Bahn schneiden. Die Schere versagte. Es gab aber auch keine Scherenschleifer mehr! Oder sollte das ein Wink von oben sein?

Vorsichtig stach sie mit der Spitze in die Taille, da, wo der Stoff einfach lag, ratsch, der Mord war passiert, nun sezierte sie weiter. So schnitt sie vier streckende Längsstreifen aus Vorder- und Hinterteil der Jacke und setzte sie in ihr Miederteil ein. Aus den Ärmeln schnitt sie Eichenlaub aus und applizierte es neben den Ausschnitt und auf die Rocktaschen. Dann stickte sie noch je ein Edelweiß darauf. Sie holte ihren alten Frau-Gräfin-beim-Morgenritt-Hut aus dem wurmstichigen Korb vom Boden und besetzte auch diesen mit einem mit Edelweiß bestickten Streifen. Ach ja, und die kleine Feder von dem Eichelhäher, die sie mal aufgehoben hatte, klemmte sie hinter das Edelweiß. Nun noch ein schwarzes Samtband mit Medaillon um

den Hals – entzückend! Sie sah der Mutter der Volksmusik zum Verwechseln ähnlich.
Sie steckte vorsichtshalber 30 Mark ein, man konnte nie wissen, und machte sich auf den Weg. In der Straßenbahn hatte sie das ungute Gefühl, daß alle sie anschauten. Was gab's denn da zu glotzen? Seht Euch doch die bunten Vögel mit ihren zerrissenen Hosen und den Ochsenringen in der Nase an! Aber für die schien sich keiner zu interessieren. Eine gepflegte Frau ist heute wohl schon was Besonderes! Blödmänner!
Vor der Festwiese stieg sie aus. Sie hörte schon von weitem über Lautsprecher: ... und laß deinen Drachen stahaigen. Sollte der Blasius-Expreß schon angefangen haben? Sie kam näher. Es wimmelte von Volk. Die Leute drängelten in Richtung Bühne, auf der ein paar schlecht gekleidete alte Männer in wahrscheinlich stinkenden Lederhosen herum stampften und auf ihre Gitarren einschlugen. Sie bewegten sich für ihr Alter zwar lächerlich, aber noch relativ sportlich. Augen zu, dann siehst du nur diese aheine, sangen sie weiter. Sollte das der Mutter zum Muttertag gelten?
Da mußte man doch nicht die Augen zu machen! Und wie alt mochten wohl deren Mütter sein?
Die Massen waren begeistert, klatschten und sangen mit.
Bis jetzt hatte noch keiner von ihr Eintritt verlangt. Darum wandte sie sich einem Stand mit rotem Schirm zu. Na Hilfe! Was wollte denn die PDS hier? Wollten die vielleicht eine Gegenoffensive für den In-

ternationalen Frauentag starten? Ekelhaft! Überall mußten die sich rein hängen. Sie guckte die Leute hinter dem Stand nur vorwurfsvoll an und ging weiter. An einem anderen Stand gab es Bier in Plastikbechern, aber ein Bierzelt konnte man das nicht nennen.

»Hat der Wirt schon gesungen?« fragte sie einen jungen Mann, der Bier ausschenkte. »Und wieso fangen Sie früher als vereinbart an?«

»Hat alles seine Ordnung«, sagte der junge Mann, »sind alles offizielle 630 Mark-Jobs. Trinken Sie erst mal einen Schluck! Geschenk vom Haus.«

»Danke«, sagte sie, »schmeckt das denn aus dem Plastikbecher?« Sie bekannte sich nicht nur zur neuen deutschen Rechtschreibung, sie bekannte sich auch zur neuen altbundesdeutschen Wortwahl.

»Plaste und Elaste aus Schkopau, Madam, da kommt Bier aus München erst richtig zur Geltung.«

»Ja ha ha«, lachte sie, »irgendwie müssen wir uns ja mal finden.«

»Ja ha ha«, lachte er, »wenn ich nicht schon 'ne eigene Mutter zu Hause hätte, könnte man ja drüber reden.«

»Das ist schön«, sagte sie, »daß Sie an Ihre Mutter gedacht haben. Sie ist bestimmt stolz auf ihren Sohn. Ich habe auch einen Sohn wie Sie, der treibt sich jetzt irgendwo in Amerika herum, der hat kein bißchen an seine Mutter gedacht.«

»Ist doch noch nicht Weihnachten, meine Dame. Sie werden sehen, dann kommt er zurück, wie Rockefeller.«

»Ach, immer die alten Kamellen«, sagte sie, »heute müssen Sie schon Bill Gates sagen. Wo leben Sie denn? Kriegen auch keinen Satz auf den Computer, was? Können auch keinen Anrufbeantworter bedienen, ja? Aber wenn sie in ihrer Plastekutsche eine 90 Grad-Kurve nehmen, immer schön das Handy am Ohr. Da geh mir doch einer mit der heutigen Jugend!«
Also doch Ossi-Tussi, dachte er, hat sich in ein CSU-Futteral gequetscht und verquasselt sich mit Plastekutsche.
»Die Dame sollte noch ein Bier trinken«, sagte er und reichte ihr den nächsten Plastikbecher. »Übrigens, meine Plastekutsche hat sehr viel Metallanteil, ist geradezu eine Platinkutsche. Vier Mark.«
Frauchen sah ihn hilflos an: »Was denn, für die Pfütze im Plastebecher? Schmeckt ja nach Chemie.«
»Umsonst ist nicht mal der Tod, meine Dame. Chemie schafft Schönheit. Alter Slogan aus der Plastezeit. Sind heute wohl mit dem verkehrten Bein aufgestanden, Gnädigste? Warten Sie, gleich kommen die afrikanischen Trommeln, da können Sie sich ein bißchen abreagieren.«
»Ist aber auch eine Schande, daß sich heutzutage keiner mehr ans Programm hält! Ein Niveau ist das! Nicht mal sein Geld wird man los.«
»Doch«, sagte er freundlich, »vier Mark!«
Sie sah ihn schräg an, nahm ihr Portemonnaie aus der Tasche und suchte nach einem Fünfmarkstück. Sie fand ein Zweimarkstück, das sie wohl für ein Fünfmarkstück hielt, reichte es ihm und sagte: »Stimmt so.«

»Madam sind heut sehr großzügig«, sagte er, »aber wir leben nu mal nich mehr in der Plastezeit. Wenn ich bitten dürfte, daß Sie die andere Hälfte des Biers auch noch bezahlen!«
Frauchen verstand nicht recht. »Können alle nicht genug kriegen«, sagte sie und stellte den halbvollen Becher auf den Tresen. »Danke, bei Ihnen schmeckt's mir nicht.« Sie schenkte ihm noch einen vorwurfsvollen Blick. Er sah sie sprachlos an. Dann murmelte er, während er dem nächsten Kunden den Bierbecher reichte: »Die läuft doch nicht rund.«
Frauchen schoß das Blut in den Kopf. Sie schnappte nach Luft, wollte etwas erwidern, es fiel ihr aber nichts Rechtes ein. Sie ließ die Luft wieder ab und sagte im Weggehen: »So was trauen die sich auch nur mit alleinstehenden Frauen! Ach leck mich doch ...!«
Der letzte Teil der Rede gab ihr den nötigen Schwung,

davonzuschweben. Sie schwebte schnell und möglichst weit, denn sie hatte das Gefühl, daß ihr irgend etwas ins Kreuz fliegen könnte. Sie überquerte den Platz und konnte sich auf den Bänken vor der Bühne

einen Sitz aussuchen, denn die alten Herren hatten inzwischen ihr Programm beendet, und so wuselten zur Zeit nur ein paar Techniker auf der Bühne herum, die den nächsten Auftritt vorbereiteten. Ebenso wuselten die Zuschauer, und Frauchen schaute lange, zu wem sie sich wohl setzen könne. Endlich entschloß sie sich für einen mit etwas Abstand zu den anderen allein sitzenden Herrn in den besten Jahren.
»Gestatten?« fragte sie. Der Mann nahm seine Tasche von der anderen Seite und stellte sie zwischen sich und Frauchen. Sie erinnerte sich an den Satz: Das Glück liegt in deiner Hand, was du nicht selbst tust, wirst du nie erringen, den sie aus einem Psychokurs in der Akademie Zweite Lebenshälfte gegen ein Zertifikat nach Hause getragen hatte. Sie nahm allen Mut zusammen und sagte:
»Durch was man sich nicht alles durchhören muß, bis es zur Sache kommt. Afrikanische Trommeln! Ist nicht so das Rechte für unseren Jahrgang, was?« Der Mann sah sie nur befremdet an und schwieg.
Jetzt kam eine Gruppe von ca. 20 Leuten auf die Bühne, von denen drei schwarze Afrikaner waren. Die anderen waren halbnackte Weiße in bunten Fantasiekostümen mit bunt bemalten Gesichtern. Um eine schwarze Tänzerin scharten sich zwei weiße. Die übrigen trommelten. Das Bild erinnerte Frauchen an ein Kinderbuch aus der Kolonialzeit, in dem die Schwarzen vergnügt und mit kannibalischen Gesichtern um zwei an einen Marterpfahl gebundene Weiße hüpften. Was man sich heutzutage aber auch alles zum Muttertag einfallen ließ! Zu dem Herrn neben ihr

sagte sie: »Nun stellen Sie sich mal vor, zum Muttertag in Afrika würden zwanzig Schwarze in Seppelhosen Schuhplattler tanzen!«
Der Herr sah sie wieder nur befremdet an und schwieg.
Ist ja nicht gerade gesprächig, dachte sie, na ja, eben Männer, muß man nachsichtig sein, und sie bot ihm einen Kaugummi an. Er lehnte dankend ab. Na ja, dachte sie, die Zähne. Sie nahm sich einen und zeigte ihm ganz nebenbei, wie kräftig sie noch kauen

konnte. Armer Ödipussi, dachte sie, warum bist du auch als Mann auf die Welt gekommen, wir könnten so gut mal zusammen eine Bootsfahrt machen, ich würde dich schon von deinen Komplexen heilen. Und sie warf ihm einen mitleidigen Blick von der Seite zu. Die weißen Kolonialneger trommelten, und Frauchen fand einen afrikanischen Rhythmus beim Kauen ihres Kaugummis. Der Kaurhythmus setzte sich ins Gesäß fort, und sie hüpfte von einer Pobacke auf die andere.

»Waren Sie schon mal in Afrika?« fragte sie. »In Namibia soll es ja heute noch deutsche Restaurants geben. Vielleicht tanzen sie dort in Seppelhosen, ha, ha.« Der Herr sah sie an, dabei zog sich sein linker Mundwinkel leicht nach oben, dann sah er wieder geradeaus. Wieder nichts, dachte sie, der muß ja total kaputt sein, wie der mich hier baggern läßt. Aber beenden konnte man das Gespräch so auch nicht.
»Entschuldigen Sie schon, aber mir ist, als hätte ich Sie im Seniorentheater den Esel spielen sehen.«
Und als er sie wieder nur stumm ansah, beeilte sie sich hinzuzufügen:
»Bremer Stadtmusikanten! Hat mir gut gefallen, würde ich selbst gern mitmachen, zum Beispiel die Katze. Die Katze würde ich bestimmt besser spielen. Langjährige Beobachtung. Ja, Katzen muß man kennen, sehr eigenwillige Tiere, und jede anders. Da muß man sich also entscheiden, ob man nun eine schwarze Katze mit weißen Pfoten oder eine getigerte Katze spielen will, denn die sind vom Charakter ganz verschieden. Die getigerte Katze ist viel schmusiger als die schwarze mit den weißen Pfoten. Die schwarze mit den weißen Pfoten läuft ständig hin und her, so als ob sie Alzheimer hätte. Na ja, würde ja zum Seniorentheater passen, ha ha, aber die Katze muß ja nun mal auf den Hund rauf, ich meine in den Bremer Stadtmusikanten, da wäre dann eine getigerte doch besser.«
Der Herr holte Luft, kam aber nicht dazu, etwas zu erwidern, da ein »Papa! Papa!« seine Aufmerksamkeit erregte. Ein kleines Mädchen von vielleicht fünf Jah-

ren strebte, sich durch die Reihen drängelnd, eilig auf ihn zu, krabbelte auf seinen Schoß und gab ihm einen Kuß. »Mami kommt gleich«, sagte es, drehte sich um, ließ sich auf seinen Schoß plumpsen, rappelte noch ein bißchen, streckte dann seinen Finger aus und rief: »Da! Mami mit Bier!« Der Herr winkte in die Richtung, die junge Frau erblickte ihn und kam lachend, in jeder Hand einen schwappenden Bierbecher jonglierend, auf ihre kleine Familie zu.

Was für ein Muttertag! Das muß heute des Teufels Großmuttertag sein, dachte Frauchen, seit ich aus dem Haus gegangen bin, läuft alles schief! Und wie eine Schildkröte zog sie ihren Kopf ein. Aber so sehr, wie sie gerne wollte, konnte sie ihn nicht einziehen, denn er trug ja den Frau-Gräfin-beim-Morgenritt-Hut. Neben ihr entfaltete sich blühendes Familienleben mit Bier und Gatten- und Kinderküssen, und dazu schlugen die pseudoafrikanischen Trommeln. Sie fühlte sich wie ein von der Ölpest eingeschlossener Vogel. Sie mußte sich schütteln und los fliegen, bevor das Öl ihr Federkleid ganz verdorben hatte.

»Ach,« seufzte sie fröhlich, als ob sie in den vorderen Reihen jemand Bekanntes entdeckt hätte. Sie richtete sich auf, verabschiedete sich mit einem Lächeln von der glücklichen Familie und ging zielgerichtet auf einen Platz zu, der nicht gerade in deren Blickfeld lag. Nie wieder Hut, dachte sie, nie wieder Hut! Dann tauchte sie ab.

Nun befand sie sich in einer Gruppe älterer Leute, die mit ihren Brillen um die Wette funkelten, und von denen sich zahlreiche an Krückstöcken fest hielten. Dar-

an, wie sie sich an ihren Krückstöcken fest hielten, konnte man ablesen, daß sie der Meinung waren, die Wahrheit auf 99 Jahre gepachtet zu haben. Frauchen fragte vorsichtig ihre Nebenfrau, ob denn der Wirt schon gesungen hätte. »Warte mal!« sagte diese mit donnernder Stimme, »da muß ich mal den Genossen Rudi fragen. Du, Rudi, die Genossin hier fragt, ob der Wirt schon gesungen hat.«
»Wirt ist gut.« Rudi lachte. »Nein, noch nicht, erst ist noch die Genossin Kallweit dran.«

»Ach, den meinst du«, sagte die Genossin neben ihr, »da könnt ihr mal sehen, wie populär der ist. Also was man dem schon alles für Namen gegeben hat, aber Wirt habe ich noch nicht gehört. Wirklich, höre ich zum ersten Mal. Gefällt mir aber. Wenn er nur der Wirt bleibt!« Sie stampfte mit ihrem Stock auf die Erde und lachte ein donnerndes Lachen.
»Hast dich aber hübsch gemacht«, wandte sie sich nach einer Weile erneut an Frauchen, »aber hast ja Recht, man kann in jedem Kostüm die Internationale singen.«
Frauchen war den Tränen nahe. Sie versank in einem inneren feuchten Nebel, der sämtliche Verstandesrit-

zen zuzukleistern drohte. Sie haßte diesen Zustand und wollte ihm nicht Raum geben, aber es war schon zu spät. Die Tränen saßen in den Augen, man konnte sie nicht hochziehen wie einen Schnupfen. Wie oft hatte sie das im Kino erlebt, aber da war es immerhin dunkel, da konnte man sie sich dezent wegwischen. Nun rannen sie links und rechts von der Nase die Wangen hinunter. Sie versuchte sie mit der Zunge zu erhaschen. Das schmeckte salzig. Außerdem konnte das die Unterwasserperspektive auch nicht verscheuchen. Sie rettete sich also in einen Schnupfen.

»Wat is denn, Mähchen«, donnerte die Stimme neben ihr, »bleib man ruhig, hast'n ja noch nich verpaßt, er kommt ja noch, der Wirt.« Und sie lachte ein gütiges Lachen.
Frauchen hatte aber gar keine Lust zu einer Verschwesterung auf dieser Krückstockebene, sie schniefte noch einmal kräftig ins Taschentuch, stand auf, hielt ihren Hut, als ob sie aus ihm eine Tarnkappe machen wollte, und schlich in eine andere Reihe. Sie setzte sich, wo Platz war, und fand sich neben ein paar jungen Leuten wieder, die mit den bunten Vögeln aus der Straßenbahn identisch sein mochten. Sie erschrak fürchterlich, um so mehr, als sie neben ihren

Füßen einen riesigen Hund liegen sah. Der kriegte aber gar keinen Schreck, sondern legte sich auf den Rücken, wobei er alles zeigte, was er so hatte, und gähnte sie nur gelangweilt an. Er trug ein um den Hals geknüpftes Tuch, was ihm etwas Menschliches gab.
»Trägt man das heute?« fragte Frauchen, um eine freundliche Verbindung zu den jungen Leuten herzustellen, bevor sie nach dem Blasius-Expreß fragen konnte.
»Ja, Mylady, das trägt man heute«, antwortete Hundis Herrchen. »Falls Sie sich verlaufen haben sollten, die Kostümfete von der CDU ist im Hotel Steigenberger.«
Frauchen versank wieder unter ihrer Tarnkappe. Inzwischen hatte eine Rednerin die Kolonialtrommler abgelöst. Frauchen hörte nur Fetzen wie Steuern und immer wieder Steuern, und auch das Wort Arbeitslosigkeit drang in ihr Ohr. Ja doch, sie war eine arbeitslose, unvermittelbare Mutter. Aber mußte man das denn nun auch noch am Muttertag hören?
Als die Leute gerade kräftig applaudierten, schlich sie sich wieder in eine andere Reihe. Sie fand sich neben einer Frau wieder, die ihres Alters sein mochte und die sich sofort an sie wandte: »So ist es doch wirklich, stimmt's?«
Frauchen hob nur die Schultern und sagte: »Wird wohl so sein.«
Sie war völlig erschöpft, sie versank in ihrer inneren Welt und empfand ihre Umgebung als unwirklich. Sie grinste vor sich hin, dabei rollte ab und zu eine Träne an der Nase vorbei. In den nächsten Applaus fragte sie

ihre Nachbarin: »Entschuldigen Sie bitte, der wievielte ist heute?«
»Der zwanzigste«, antwortete die Nachbarin.
»Hm«, lächelte Frauchen, »Muttertag war am Dreizehnten. So ist das nun mal, dem Arbeitslosen schlägt keine Stunde.« Sie lachte, und ihre Nachbarin fiel verstehend in das Lachen ein.

Bundesarbeitsminister Walter Riester wandert durch die Lüneburger Heide. Da kommt eine Seniorenwandergruppe des Wegs und ruft: »Moment mal, sind Sie nicht der Rentenminister Riester?«
Riester, obwohl stolz darauf, daß seine Klientel ihn erkennt, sagt vorsichtshalber: »Nee, nee, ich bin bloß sein Zwillingsbruder, werde allerdings laufend mit ihm verwechselt.«
Die Wanderer finster: »Wir wollen mit ihm nämlich nichts zu tun haben.«
Riester: »Na, ich doch erst recht nicht!«

THOMAS WIECZOREK

Die 5 faustdicken Lügen *über die Freizeitgewohnheiten der reiferen Jugend*

Es mag ja alles purer Zufall sein. Aber! Ist es nicht doch höchst verdächtig, daß plumpe Lügen und freche Flunkereien – kurz, die veröffentlichte Meinung – die Debatte um die Rentenreform verdüstert! Dieses Jägerlatein darf nicht unwidersprochen bleiben.

★

Lüge Nr. 1

SENIOREN SIND NOTORISCHE SCHWARZFAHRER UND BLINDE PASSAGIERE

Wollen Senioren ein Ziel erreichen, trampen sie oder nehmen ein Taxi. Das Benutzen von Bus oder Bahn dient lediglich der Information vor dem möglichen Kauf des jeweiligen Fahrzeugs und kann folglich als Probefahrt von der Steuer abgesetzt werden.
Sollte sich herausstellen, daß blinde Passagiere tatsächlich sehschwach sein sollten, haben sie ohnehin Anspruch auf unentgeltliche Beförderung.

★★

Lüge Nr. 2

Senioren schmuggeln Waren im zigfachen Milliardenwert am Zoll vorbei nach Deutschland

Dafür sind es aber auch so viele Mitarbeiter, daß auf den einzelnen nur wenige hunderttausend Mark Gewinn entfallen.
Die besten Touren gehen aus Deutschland raus! Im Unterschied zu den Kids stellen Senioren bei geklauten Porsches wenigstens Vergaser und Zündung ein.

★★★

Lüge Nr. 3

Senioren saufen und qualmen wie die Irren

Richtig, aber glauben Sie etwa, den Senioren macht das Spaß?!
Nur, ohne diesen Raubbau hätten wir in der Genußmittelbranche ja noch drei Millionen Erwerbslose mehr.
Nikotin verengt die Gefäße, Alkohol erweitert sie. Daher ist die sinnvolle Kombination von Nikotin und Alkohol die ideale Kreislauftherapie.

★★★★

Lüge Nr. 4

Senioren sind Aufschneider

Das sagen Neidhammel, die den deutsch-französischen Krieg 1870/71 nicht mitgemacht haben und nie den Atlantik in Nord-Süd-Richtung durchschwommen haben.

Bitte nicht von den Regierungsmitgliedern auf den Rest der Senioren schließen!

★★★★★

Lüge Nr. 5

SENIOREN SIND EXTREM GEWALTTÄTIG

Wer das behauptet, spielt mit seiner Gesundheit. Für diese Behauptung dürfte es nicht einen einzigen Zeugen geben, jedenfalls keinen lebenden!
Senioren reichen uns die Hand oder werden gegebenenfalls zu Belastungszeugen unserer Zeit. Sie sind Menschen wie du und ich, wirken aber zumeist jünger, frischer, intelligenter und irgendwie perfekter. Und leider sind sie viel zu bescheiden!

★★★
★

Es gibt Feindschaften, die halten ein Leben lang. Zwei Klassenkameraden, die einander auf den Tod nicht leiden können, machen außergewöhnlich steile Karrieren, der eine beim Militär, der andere als Geistlicher. Nach vierzig Jahren begegnen sie sich per Zufall auf dem Berliner Bahnhof Zoo, der eine in der Soutane, der andere in schmucker Generalsuniform. Der ebenso würdige wie korpulente Kardinal nähert sich dem General und fragt mit vollendeter Höflichkeit: »Herr Bahnhofsvorsteher, sagen Sie bitte, wann geht der nächste Zug nach Paderborn?« Der General mustert seinen fettleibigen Schulfeind von oben bis unten, vor allem aber in der Mitte, und sagt: »Um 15 Uhr 44, gnädige Frau, aber daß Sie in Ihrem Zustand noch reisen!«

OTTOKAR DOMMA

Als Opa Omas Nachthemd zerhackte

Mit dem Tag, als der Opa das Nachthemd von unserer Oma zerhackte, fing alles an. Der Opa behauptete zwar, es war der Wind, der Omas Nachthemd von der Wäscheleine auf den Hackklotz geweht hat, aber die Oma konnte sich das nicht denken und sprach: »So weit ist es gekommen! Und mit dem Mann bin ich vierzig Jahre verheiratet!« Wir standen alle um den Hackklotz herum und bestaunten Opas Werk. Mein Vater lobte den Opa: »Da hast du ja saubere Arbeit geleistet!« Und meine Mutter ergänzte: »Na, dann sieh mal zu, wie du das wieder gutmachst.« Auch meine Schwester mußte ihren Senf dazugeben: »Das war Omas Lieblingsnachthemd, das kuschelweiche!«

Der Opa sah jetzt auch nicht so glücklich aus wie ein Mann, der schon vierzig Jahre mit derselben Oma verheiratet ist. Er stopfte die Reste vom Nachthemd in die Tasche seines Arbeitskittels und knurrte: »So ein Theater wegen einem Nachthemd. Kauf ich eben ein neues, ha!«

»Ich weiß nicht, ob du so billig davonkommst«, sagte ich zum Opa. »Das war vielleicht kein gewöhnliches Nachthemd, sondern ein mit Erinnerungen gefülltes und so.« Die Oma schluchzte, der Opa warf meinem grinsenden Vater einen giftigen Blick zu, und mich stuckste die Mutter ins Haus und sprach: »Mach lie-

ber deine Schularbeiten!« Sie wollte ganz streng mit mir sein, ich sah aber, wie in ihrem Gesicht das Lachen durchzuckte.
Beim Abendbrot war es nicht so lustig wie sonst. Der einzige, der zur Unterhaltung beitrug, war ich. Denn dauernd wurde mir zugerufen: »Schling nicht so, laß dir Zeit!« Oder: »Du schlürfst wie ein Kalb!« Oder: »Kannst du nicht leiser kauen!« Und noch mehr so wertvolle Hinweise. Ich war ganz froh darüber, und so kam wenigstens keiner auf die Idee, Omas zerhacktes Nachthemd wieder auf den Tisch zu legen.
Oma ging gleich zu Bett, und mein Vater fragte, ob sie noch ein Nachthemd hat. Der Opa guckte finster vor sich hin. Als ich ihm sagte, wir gehen morgen zusammen ein Nachthemd kaufen, und ich werde ihn beraten, da leuchtete er wieder auf.
Am nächsten Tag machte ich mich mit Opa auf den Weg. Wir gingen zuerst in den Textilkonsum, wo meine Mutter immer einkauft. Sie ist dort gern gesehen, weil sie weiß, was sie will. Sie kauft schnell, und die Verkäuferinnen können sich gleich wieder ausruhen und miteinander plaudern. Der Opa hatte sich sogar einen Schlips umgebunden. Wegen der Wirkung. Die ältere Verkäuferin fiel auch darauf rein und fragte, was es sein darf. Der Opa sagte: »Ein Frauennachthemd.« Die Verkäuferin verbesserte ihn: »Sie meinen wohl ein Damennachthemd.« Der Opa kennt sich mit den Unterschieden zwischen Frauen und Damen nicht so aus und sagte: »Meinetwegen.«
Die Verkäuferin fragte: »Welche Größe?« Der Opa guckte mich an. Ich zuckte. Da zuckte der Opa auch.

Die Verkäuferin dachte vielleicht an eine Kaffeepause und drängte: »Na, Sie müssen doch ungefähr wissen, wie groß ... vielleicht so wie ich?« Der Opa nickte und knurrte: »Na ja, so ungefähr.«
Ich hustete und gab dem Opa runde Zeichen. Weil er sie nicht verstand, flüsterte ich ihm laut zu: »Die Oma ist doch nicht so dick!« Der Opa kapierte jetzt, die Verkäuferin auch. Sie knallte drei Hemden auf den Tisch und schaute in die Luft. Der Opa wollte keinen Ä rger mit der Verkäuferin und kaufte schnell eins. Draußen sagte ich zum Opa: «Das kannst du gleich wieder zerhacken; denn die Oma verträgt kein Polyester. Davon kriegt sie Pickel.«
Wir fuhren mit der nächsten Bahn in die Stadt. Dort gab es mehrere Damengeschäfte. Im ersten schoß gleich eine Frau auf ihn zu und sprach: »Na, junger Mann, was darfs denn sein?« Die ist ganz schön scharf, dachte ich. Schmeichelt sich beim Opa ein, obwohl der bestimmt viel älter ist als sie. Nachdem der Opa mit mehreren Hemden bei zwei Kundinnen Maß genommen hatte, fanden wir auch das richtige. Es hatte Blümchen und faßte sich mollig an. Die Verkäuferin lobte Opa und meinte, er hat gut gewählt.
Der Opa wurde danach übermütig und sprach: »Jetzt kaufen wir weiter, wenn wir schon einmal dabei sind.« Vor einem Schaufenster, in welchem jede Menge Nachthemden und andere durchsichtige Sachen hingen, fragte mich der Opa, ob die Oma so was noch tragen kann. Ich sagte, die Oma kann. Die Verkäuferin war freundlich und klärte den Opa auf. »Das ist eine sehr dezente Ausführung« oder: »Das ist ein haut-

freundliches Gewebe« oder: »Sehen Sie mal, hier, die hübsche Rüsche!« Der Opa entschied sich aber für eine andere Garnitur. Auch diese Verkäuferin lobte ihn und rief ihm nach: »Da wird sich Ihre Enkelin aber freuen!«

Wir besuchten danach ein Kaufhaus. Um einen Stand standen viele Frauen und wühlten und wühlten. Es gab dort billige Schlüpfer. Der Opa wühlte jetzt auch mit. Einige dehnte er auseinander wie einen Expander. Es wurde ganz still um ihn. Alle guckten ihm zu. Erst als sich ein Mann mit weißem Kittel und strengem Blick hinter ihn stellte, hörte der Opa auf zu wühlen und fragte, wo es hier die Heimwerkerartikel gibt. Der Mann führte ihn dann dorthin.

Als wir uns frohen Muts wieder auf den Heimweg machten, entdeckten wir ein Geschäft mit noch schöneren Frauensachen. Es hieß Budike oder so ähnlich. »Weißt du was«, sagte der Opa, »jetzt kaufen wir der Oma einen Morgenrock. So was hat sie noch nie gehabt.« Na ja, dachte ich, nach vierzig Jahren kann der Opa ruhig was springen lassen, wer weiß, wie lang er das noch kann.

Im Geschäft war alles piekfein und stinkvornehm. Auch die Verkäuferinnen. Sie hatten keine gewöhnlichen Kittel an wie die anderen, sondern ganz moderne Kladasch. Die müssen reich sein, dachte ich. In einem gläsernen Schrank hingen mehrere Morgenröcke oder Abendmäntel, wir kannten uns da nicht so aus. Der Opa traute sich jetzt nicht mehr, einen anzupassen. Er guckte auf die Uhr. Erst als er laut fragte, ob man hier auch bedient wird, kam eine ge-

»Und merk dir du Rotzlöffel: Achte das Alter,
verdammt noch mal!««

schminkte Frau auf uns zu und fragte wie eine Hoheit im Film: »Bütte?« Der Opa kann vornehmes Getue nicht ausstehen und antwortete wie ein König: »Vielleicht büten Sie mal was an, Durchlaucht!« Die Frau Durchlaucht legte dann gelangweilt ein paar Sachen hin, und als sich der Opa entschieden hatte, sagte die hohe Frau zum Morgenrock: »Dör ist aber nicht büllig!« Und ich antwortete für den Opa: »Denken Sie vielleicht, wir sind büllig?« Das Geld hat grade noch so gereicht.

In der Bahn konnte sich der Opa nicht mehr halten. Er packte die schönen Sachen aus, um sie noch einmal zu betrachten. Manche hielt er vor seine Brust. Die Frau neben ihm suchte sich gleich einen anderen Platz, und eine andere Frau sprach zu ihrem Kind: »Wenn dir solche Onkels ein Bonbon schenken wollen, lauf weg, und schrei um Hilfe!« So ein Blödsinn! Opa kauft nie Bonbons. Als wir ausstiegen, sagte der Opa: »Erinnere mich daran, daß ich den Hackklotz woanders hinstelle.«

Wie es dann weiter ging, ist schnell erzählt. Als Oma die kostbaren Sachen sah, war sie ganz weich. Das wollene Nachthemd wird sie gleich anziehen, die flatterige Garnitur will sie bis zur Jugendweihe meiner Schwester aufheben, und zum Polyesternachthemd sagte die Oma: »Da hab ich gleich was für die Tante Anna zum Geburtstag.« Aber als der Opa den Morgenrock auspackte, war die Oma ganz weg. »Nein, so was Schönes zieh ich nicht an«, sagte sie, und beim Opa fielen gleich die Mundwinkel runter. Nein, sagte Oma und drückte den Morgenrock an ihre Brust, und aus ihren Augen kullerten Tränen. Da gingen Opas Mundwinkel wieder hoch.

Sehr geehrter Herr Verleger!

Ihre mit verdächtiger Höflichkeit verbrämte Einladung, zu Ihrem »Universalratgeber für ein erfülltes Rentnerleben« einen Beitrag beizusteuern, muß ich mit aller Entschiedenheit ablehnen.

Selbstverständlich ist es Ihr gutes Recht, nach meinen Gründen zu fragen, und selbst wenn Sie nicht fragten, würde ich

sie nennen, damit auch Sie endlich begreifen, daß sich die Zeiten gründlich geändert haben.

Erlauben Sie mir, an den Anfang die Tatsache zu stellen, daß die heutigen Arbeitsbedingungen für uns Autoren mit denen in der DDR in keiner Weise zu vergleichen sind. In der DDR war es bekanntlich jedem Verleger erlaubt, Manuskripte von Autoren abzulehnen. Diese in der Welt einmalige Willkür werden

Sie nicht leugnen können. Aber, Herr Verleger, jetzt sind wir an der Reihe! In der BRD ist es umgekehrt. Jetzt ist es uns Autoren erlaubt, die Angebote von Verlegern abzulehnen. So ändern sich unterm guten Stern der freien Marktwirtschaft die Verhältnisse. Kein Autor kann in unserer freiheitlich-demokratischen Grundordnung dadurch zum Schreiben gezwungen werden, daß ihm ein Verleger die Veröffentlichung androht. Die Tage und Nächte, da wir gnadenlos an unsere Schreibtische gefesselt waren, sind Vergangenheit. Wasser und Brot und die klirrende Kälte in unseren Dachstuben haben wir hinter uns. Endlich können wir auf den Terrassen unserer mallorquinischen Villen bei Kaviar und Sekt in der Sonne liegen, frei von all jenen Verpflichtungen zur Fronarbeit, die sich aus der Diktatur eines Verlagsvertrages ergeben.

Diesen Zugewinn an literarischer Freiheit, den ich zu den vielen Vorzügen unseres wiedervereinigten Vaterlandes zähle, werden Sie nicht bestreiten wollen. Obwohl mich manche Ihrer Publikationen zweifeln lassen, ob Ihr Herz wirklich dort schlägt, wo es seit dem ruhmreichen 3. Oktober 1990 zu schlagen hat, näm-

lich auf dem rechten patriotischen Fleck. Aber das nur nebenbei. Die Verbreitung von Parteilehrjahrsliteratur unter dem Vorwand, den Leser nichts weiter als heiter unterhalten zu wollen, ist Ihre Angelegenheit. Mit dieser Eulenspiegelei disqualifizieren Sie sich selbst.

Damit zu einem weiteren Grund meiner Ablehnung. Von Ihrem Honorarangebot will ich erst gar nicht reden. Wandelte ich dieses Almosen an einer Tankstelle in Benzin um, käme mein Lamborghini damit keine zwanzig Meter weit. Nein, es

ist der Titel Ihrer Anthologie, der mich stört. Das heißt, nicht nur stört, sondern zutiefst verletzt. Bilden Sie sich wirklich ein, ich würde mich unter einen Buchdeckel pressen lassen, auf dem das Schimpfwort »Rentner« steht? Könnten Sie nicht wenigstens den wohlklingenden französischen Begriff »Rentier« setzen? Diese Bezeichnung von Menschen, die ohne eigene Arbeit von Kapitalzinsen leben, wäre für die Mehrheit des fraglichen Personenkreises viel angemessener. Oder kennen etwa Sie einen älteren Menschen, der nicht von Kapitalzinsen lebt? Vielleicht gibt es im Osten noch ein paar Einzelfälle, aber dann sind diese Leute selber schuld. Hätten sie, als sie nach dem Anschluß endlich die Freiheit dazu hatten, Aktien gekauft, wären sie jetzt nicht Rentner, sondern Rentiers oder Rentiere, wie es im Plural laut Wörterbuch korrekt heißt.

Als letztere dürfen wir sie allerdings nicht mit einer nordländischen Hirschart verwechseln, dem Ren, das zwar dauernd durch die Tundra rennt, aber trotzdem nicht »Renntier« geschrieben wird.

Der Rentner rennt nicht durch die Tundra, sondern an jedem Monatsersten zur Sparkasse. Der Rentier rennt überhaupt nicht, sondern schlendert zur Börse oder auf einen Cognac zum Anlageberater seiner Bank. Ein älterer Herr, der einer heiratslustigen jungen Dame in der Disko seinen Rentnerausweis zeigt, dieses armselige Stück Pappe, kann alle Hoffnung fahren lassen. Aber ein Rentier, der sie anhand seiner Kontoauszüge Einblick nehmen läßt in den stetigen Kursgewinn seiner Wertpapiere, darf davon ausge-

hen, daß seine Aktien auch bei der Begehrten steigen. Mag er achtzig sein, mag sie zwanzig sein – unter der Sonne zufriedenstellender pekuniärer Voraussetzungen keimt noch auf dem magersten Boden Liebe. Das liest man immer wieder in der Zeitung, also muß es wahr sein. Beispiele dieser ermutigenden Art möchte die Leserschaft auch in Ihrem »Universalratgeber« finden. »Sechzig Jahre Altersunterschied, trotzdem wunschlos glücklich« – solche dem Alltag und der Wirklichkeit entlehnten Erlebnisberichte sollten Sie drucken.

Denke ich länger darüber nach, gefallen mir aber auch diese Ratschläge nicht. Ob Rentner oder Rentier, beiden Bezeichnungen haftet der unsagbar peinliche Geruch des Alters an. Anfänglich wollte ich Ihnen vorschlagen, den Titel zu ändern, zum Beispiel in »Ratgeber für Lust und Liebe im Seniorenheim«. Gewiß würde sich das freundlicher anhören. Trotzdem wäre jene Zugkraft, auf die es allein ankommt, wenn eine Sache erfolgreich verkauft werden soll, damit noch nicht hergestellt. Und worauf allein kommt es an? Erkundigen Sie sich in der Werbebranche und Sie werden überall dieselbe Auskunft erhalten: Die entscheidende Triebfeder, die gewinnträchtigen Umsatz garantiert, ist das Versprechen, daß dem potentiellen Käufer eines beliebigen Produktes, somit auch eines Buches, für sein gutes Geld der Weg zu einem Ziel gewiesen wird, das zu erreichen alle Glückseligkeit der modernen Welt ausmacht, der Weg zu Jugend und Schönheit.

Geehrter Herr Verleger, als ich Ihr Ansinnen las, dachte ich: Was will der Mann? Hält der mich für so senil, daß ich schon Ratschläge für Senile schreibe? Eigentlich hätte ich Ihre Anfrage in den Papierkorb werfen müssen. Nehmen Sie es als ein Zeichen meines guten Willens, daß ich es nicht getan habe, sondern Ihnen zu Ihrem Vorteil vorschlage, Ihr Konzept zu ändern. Alter raus, Jugend rein!

An einem »Universalratgeber für ein frohes Jugendleben« würde ich mich mit einem Beitrag beteiligen.

Ihr Gerhard Bengsch

Die Karikaturen stammen von Heinz Behling (140), Manfred Bofinger (45, 60, 69, 97, 183), Herluf Bidstrup (31, 157), Henry Büttner (19, 107), Barbara Henniger (11, 149), Heinz Jankofsky (21, 51, 63, 75, 99), Andreas J. Müller (158), Rolf F. Müller (82), Rattelschneck (123)

ISBN 3-359-01412-X

Rosa-Luxemburg-Str. 39, 10178 Berlin
Buchgestaltung: Jens Prockat
Umschlaggestaltung: Ulrike Haseloff
Druck und Bindung:
Freiburger Graphische Betriebe, Freiburg